优秀的人，能把话说到对方心坎里

纳兰兰 著

中国出版集团 现代出版社

图书在版编目（CIP）数据

优秀的人，能把话说到对方心坎里 / 纳兰兰著. --北京：现代出版社, 2019.1

ISBN 978-7-5143-7600-5

Ⅰ. ①优… Ⅱ. ①纳… Ⅲ. ①语言艺术－通俗读物 Ⅳ. ①H019-49

中国版本图书馆CIP数据核字（2018）第289728号

著　　者	纳兰兰
责任编辑	杨学庆
出版发行	现代出版社
地　　址	北京市安定门外安华里504号
邮政编码	100011
电　　话	010-64267325 64245264（传真）
网　　址	www.1980xd.com
电子邮箱	xiandai@cnpitc.com.cn
印　　刷	三河市金泰源印务有限公司
开　　本	880mm × 1230mm 1/32
印　　张	8
字　　数	150千字
版次印次	2019年3月第1版　2019年3月第1次印刷
标准书号	ISBN 978-7-5143-7600-5
定　　价	39.80元

序言

有些话明明心里有，却不知为何说不出口，因此被人忽视、被人误解。

有些话脱口而出，说了却是无尽的后悔，因此被人怨恨、被人疏远。

怯场、冷场、笨嘴拙舌、过度表现，很多事情就是这样毁在了嘴上。

如果切身体会过以上的感受，你会明白，类似于“只要做好手头的事情，会不会表达没那么重要”的道理，已经不能适应今天的环境。

这本书中有很多故事，大部分是我亲身经历的，少部分是周围朋友讲给我听的。你一定会觉得它们很熟悉，因为它们都是散落在我们身边的素材，甚至很可能也正发生在你的身上。

其实，我并不主张将自己修炼成一位说话达人，仿佛那样就可变为人生赢家。人生赢家本就是一个伪命题，它貌似存在，其实不存在。

但我希望自己能懂得好好说话，因为那样我更加可以温暖我想爱的人，做成我喜欢做的事，这才是生命赐予我的最高意义。好好说话，并不是什么功利的意义，而是人与人之间真实的需求。

如果你也认同，那么祝你今后所说皆所想，愿你的世界少一些误解，多一些懂得。

目　录
contents

第一章
你做得已经不错了，只是不会表达

第二章
在人际关系中，你不该只做一个鼓掌的路人

第一章

你做得已经不错了，只是不会表达

明明可以好好说的话，为何变成了刀剑

生在北方的人，可能从小就见惯了一种说话方式，熟人之间、界限之内、话语间夹枪带棒，来来往往，彼此都不在意，倒也显得有一种别样的亲切。

作为一个向来不喜欢甜言蜜语的民族，我们的确很难接受某些西方国家那种每天爱来爱去的语言方式。可是说着说着，那些棍棒就真的伤到了人。

好好说话和管理好自己的情绪，其实是一个人拥有成熟心智的标志。

“我这人直，说话不喜欢绕弯子，你们别介意。”这是我的同事C小姐经常挂在嘴边的话。相信我们每个人也都听过类似的论调。

C小姐是公司里的灵魂人物，职位是财务总监。她之前的一位财务总监为人八面玲珑，总是一副笑眯眯的样子。但也正

是她的八面玲珑，谁也不得罪，让她犯了大忌。

C小姐新官上任那天，就带着一阵冷风，二话不说，大刀阔斧，该得罪的，不该得罪的，无论一线后勤、普通员工，还是领导家属，都轰炸了个遍。起码在财务方面，所有人都不敢越雷池半步。

老板喜不胜收，在公司高层会议上表扬："企业里要的就是这样的领导。"

有了这样的开门红，C小姐更加自得。内心坚信一条道理，话说的再好听有什么用？把谁都不敢做的事情落地，才是最牛的。

第一仗打得好，接下来的工作开展起来并不难。作为管理层的空降兵，最难的环节其实就是迅速获得认可，以及在管理体系中拥有话语权。

C小姐做到了，而且完成得很漂亮。但她经常不给公司员工脸面，私下批评是常有的事，有时候甚至当着众人的面斥责。

其实，很多员工在内心深处都不认为C小姐是个有坏心眼的人，也不认为她是一个没有工作能力的人。恰恰相反，她很有魄力，敢于在每个环节坚持原则，就连老板的亲戚也绝不手软。她加班熬夜，用无数公式算出数据，然后迅速执行下去，这体现了她工作的认真负责。

只是话语表达起来太直接，并且不给人解释的余地。与这样的同事并肩作战，明知她战斗力很强，但就是不合拍。

张英琪是公司的会计，刚照要求交上了自己分校的表格，不到十分钟，C小姐的电话打过来："你的学历是伪造的吗？HR招聘你的时候眼睛是不是瞎了？"琪琪大气都不敢喘一下，她知道，一定是表格出现了错误。

半个小时后，财务部QQ群闪烁起来，点开："你们都是智障吗？每个人浪费我十分钟，我半个上午的时间就浪费了。"

群内无人回复。

C小姐已经连续一个礼拜凌晨四点早起，她更换了新的供货商，新鲜的水果、蔬菜都在凌晨送达。她每天随机到达一家分校，去查看具体实施情况。

早上八点，同事们刚刚打卡上班，她已经忙碌了几个小时，端起杯子冲了一杯咖啡，看着计算机桌面上的数据，不知道一场暴风雨即将来临。

上午九点，她被老板叫到办公室。整个楼层的人听到了一阵激烈的争吵，半小时后，C小姐铁青着一张脸走出来。她没有回到自己的办公室，而是直接走出了公司。

次日，C小姐回来办离职手续。关于她的风言风语已经传得沸沸扬扬。据说老板接到了各个层面的投诉信，有基层员工的、有中层干部的，更重要的是还有来自客户的，矛头直指C小姐。

后来C小姐在朋友圈发了一张图片和充满感伤的话，图片里的女孩满脸茫然，公司没一个同事评论或点赞。

如果你不是一个职场新人，相信一定遇见过类似的人。他们打着“性格直，脾气暴”的标签，在公司里横冲直撞。他们大多有一些能力或资本，但是一定是那个你在路上不想遇见的人。

C小姐万万没有想到，因为自己在沟通上的问题，会造成从上至下的不适。

在她心里，下属们应该将压力转化为动力，可是她忽视了人与人之间的尊重；管理者们应该理解她的坚持和苦心，可是她忽略了公司的运营不仅仅需要业绩，更需要军心稳定。

说话的时候完全不经过大脑，像一支冲锋枪一样肆意伤人，事后却希望对方毫不介意，理解为坦率和个性。说白了，这并不是什么坦率和个性，而是狭隘和自私。

无论哪个行业，走得越高越远就会发现，那些站在金字塔尖上的人，很少有飞扬跋扈的，大多温和淡定。这些更有资格说“我脾气直，请你别介意”的人，反而愿意柔和地对待每一个人的反馈和意见，甚至会礼貌地看着你的眼睛，让你懂得，一个人的成功与他的素养和格局密不可分。

C小姐很久以后才认识到，她当时的遭遇并没有她所想象中那般委屈，这是她在职业道路上忽视的一环，也是理应上交的学费。她开始学着好好说话，仔细倾听，在做任何一项决策前全方位思考细节。

遗憾的是，职场上类似C小姐的人，大多数并不能悔改。年纪渐渐大了之后，反而会显得更加倚老卖老，令同事厌烦。悲哀的是，他们自己通常毫无觉察，而是在“说话直”这条理直气壮的道路上越走越远。

关于说话之道，曾国藩曾有过“行事不可任心，说话不可任口”的感悟，其实冷言冷语伤害的远远不只是对方，也包括自己。伤了别人的心，打了自己的脸，怎么想都不太划算。

好好做事之前，先学会好好说话。老一辈人总结的真理，仔细品品，依旧有用。

别让过度谦逊害了你

如果你很欣赏一个人的才华，想要跟他成为朋友，并且在更多维度为他提供帮助，你会怎么做？一个很常见的选择是：约他出来聊一聊，试图拉近彼此的关系。

我在看见小午的时候就萌生了这个想法。

小午有才华，做事认真，身上带着年轻人少有的沉稳，少了许多浮躁。可那天我们坐在咖啡厅里的时候，我切实感受到他是一个话题终结者。

“老师，我读过您的文章，特别佩服您，希望向您学习。”小伙子很有礼貌，我也微笑点头回应。这不是一个糟糕的开始，当我发现糟糕时，是意识到我们沟通的进度仿佛永久地停留在这个位置上的时候。

这是一种距离感，会使得两个人的沟通定格。最后，我没能将自己更多的帮助给予他，因为无形中他拒绝了很多可能。

谦逊无疑是中华美德，但有些时候也会将人际关系推得很远。

我后来对一位朋友无意说起此事，他连连点头，表示自己以前也是这样不懂互动，完全明白其中的微妙感受。

朋友叫林哲，是一名企业高管，名牌大学毕业，事业有成。

“很多年后我才意识到，跟老师走得最近的那个同学，或者跟老板走得近的员工，不是最优秀的，但一定是最不怕他的那一个。”这是林哲后来领悟到的。

初中时，家境平平的林哲被父母送到了一所封闭式贵族学校。是的，就像《流星花园》中的杉菜一样，他拥有了很多家境富有的同学，而他的家庭所付出的代价却是：父亲为他抵押了家里的房子。

这不是一种健康的教育方式，但作为子女，也作为一个十几岁的少年，林哲也只能被动地接受了这种选择。当然，他的心态也因此受到了影响。

那几年，他的班主任给了他非常大的帮助，让他没有误入歧途，也没有产生病态的价值观。林哲发自内心认为，那是他一辈子最应该感激的人。毕业之后的每一年，他都会想起恩师，教师节一定发去信息，积极去参加每一次同学聚会。可是不知道为什么，他看着很多昔日的同学跟老师成了兄弟般的朋友，但和自己反而显得疏远而客套。

是的，师生也好，上下级也好，合作伙伴也好，拉近关系最好的方式，就是越过那道无形的鸿沟。那道鸿沟是什么？林哲并没有想明白。

“老师，你是我一辈子的恩人，学生永远记得你。”林哲每一次端起酒杯都会说出这样的话语，令人动容，但是也仿佛画上了一道休止符。

后来，林哲在事业上做出了成绩，成为职场精英。他经历了许多事，见过了许多人，因为工作关系也经常出去做培训。当有了自己的部下，也有了自己的学生，他才渐渐找到了那道自己亲手挖下的鸿沟。

他也遇到了那些对他恭敬有加的部下或者学生，就像年轻时的他。坦诚来说，这样的人他会觉得很有礼貌，没什么不妥当，但谈不上理解，说不上交情。反而一些在他面前展现出更多人性化的人，倒是有趣，也会真正走近他。

比如，小Z读书的时候是个尖子生，家境也很殷实，但是进了公司后处处碰壁。有一次这个腼腆的年轻人走进他的办公室，满脸通红：“我感觉自己一无是处，快要撑不住了，快要成为他们口中那种失败的富二代了。”那一次，林哲很动容，耐心开导，给小Z重新树立了自信。新年时，小Z拿到了升职的调令，还收到了厚厚的年终奖。

比如，小Q是个大大咧咧的姑娘，在培训过程中经常粗心和犯错。每当分组进行某项任务的时候，林哲都能听见她在某个角落里发出惊呼或者大笑。培训结束那天的酒会上，小Q说："老师，他们都觉得我暗恋你，可是说实话，如果我跟你一起生活，我会吓死。"众人哄笑，林哲不满地反问："为什么会吓死？"小Q一本正经地回答："你经常批评我，所以我听见你的声音，汗毛就会竖起来。"后来，这个直爽的姑娘交了男朋友，一直与林哲保持来往，成了很好的朋友。

再比如我。

我和林哲是在工作场合认识的，算是合作伙伴。

那是快十年前的事了，当时的林哲还初出茅庐，我也愣头愣脑。他抱着一大摞资料，对我假笑着点头："你好，我们相信你的专业，我们一定会合作愉快！"

我也回以假笑，用力撑起嘴角的肌肉，随后我们略带尴尬地坐在各自的位子上，刻意翻看着手里的东西。

签约之后，他送我出来，很绅士地为我按了地下停车场的电梯。我也淑女地向他摆了摆手，但思来想去，我还是回头了："呃……林先生，你能帮我把车开到地上吗？我刚拿驾照，开车有点……犹豫。”

那天，林哲帮我把车开到了路边，才换我这个菜鸟坐上驾驶座位。而我们之间那时虽然谈不上友情，但是也因为这样的小小开始，才从两颗螺丝钉之间的交往，变成了人与人之间的交流和对视。

后来林哲经常挤对我：“开车犹豫，你的遣词造句真是不简单。”

想到这里，我忽然明白了这其中的道理。我们一生中会扮演很多社会角色，并会随着年龄和阅历的增长渐渐变多，比如孩子、学生、实习生、职场新人、老师、资深人士、专家、父亲等，这样的划分像是一张复杂交会的大网，把每个人网罗其中，更清楚自己的定位，也让社会更加有序。

这没什么不好的。但是，当你遇见一个很喜欢的人、很敬佩的人、很想走近的人，最坏的方式恰恰是将自己封存在那个角色标签里。

能够先打破那个屏障，把真实自我表现给对方的人，才有了进一步的沟通。

当然，不是所有人都值得我们打破那道屏障。

我们在人海中穿行，对待大多数人，只需要做好标签分内的事，这会减少很多混乱，避免很多麻烦。

但是如果对方是一个值得的人，那么不如释放一点随意和真实。那意味着，你们的沟通与交流超越了惯常，到了另外一个维度。而这样特殊的沟通需求，其实每一个人都会遇到。我们都会有爱上的姑娘，希望感情能维系一辈子的师长，共进退的上下级，甚至是像朋友一样相处的父亲，革命友谊的合作伙伴。

除此之外，即使是对待标签之内的人，也要适当松弛下来。就像网上有人教职场新人：“如果办公室里有人分享零食，不要推脱，大方享用。”这本来就是人与人之间交往的重要一环。

这个世界上，充满了过度谦虚的人，也充满了自我限制过度的人。或许因为不自信，或许因为规则太严苛、脚步太匆匆，他们隐藏了本该合理释放出来的随意和温情。这样的生活小心翼翼，诚惶诚恐，很规矩，但不热血，也不生动。

林哲后来也终于明白了这个道理。

有一年的清明节，他带着鲜花与烧酒去了恩师的墓前，在那里坐了半个下午，念念有词。

没有人知道他说了些什么，但我想，那一定是憋了许久的心里话。

说话越来越夸张，存在感越来越小

生活在北上广，就要面对避不开的交通压力和因此而无奈增加的时间成本。

Z小姐每天挤完地铁，拖着疲惫的身躯回到出租屋里时，几乎都是太阳落山之后。她会给自己煮上一碗鸡蛋面，安静地吃完，然后窝在自己的小床上，捧着手机浏览各类新闻，为的就是——增加谈资。

不知道是谁发明了“谈资”这个词，但是Z小姐心里觉得，这是个了不起的发现。茫茫人海中，如何增加自己的存在感，当然要侃侃而谈，最好什么都能聊，什么话题都能加入，这也是Z小姐一直以来的努力目标。

其实上大学的时候，Z小姐不太爱说话。可是进入职场这些年，她认清了一件事，黑猫白猫，先被别人看见的就是好猫；至于捉耗子，其实没有哪只猫不会。

刷存在感这件事，每个人多多少少都有过，比如发朋友圈和微博就是手段之一，只是程度不同而已。Z小姐是重症患者，每天要发很多朋友圈，点很多赞，留很多言，否则就会感觉空落落的。

现代人大多是“低头族”，把大量的时间交给了手机，这说明移动社交也是不可忽视的一环。“没有意识到的人一定是笨蛋。”Z小姐这样想。

她会在很多人的朋友圈里留言互动，也会查看自己信息下面点赞的数量。她还喜欢在各个微信群里分享最新的八卦，哪个领域出了大事情，一定是Z小姐率先发到群里，并且领先评论一番：“你们知道吗？×××出大事啦！”看着有人在回应，有人在惊诧，Z小姐的心里就会莫名感到安定。而这种安全感，是关注为她带来的。

Z小姐发朋友圈的时候喜欢刷屏。是的，她就是会在朋友圈直播演唱会的那种人，平均几分钟一条，看得人快要疯掉。

办公室里，Z小姐一定是那个最活跃的人。她喜欢主导话题，并掌控话题的去向——无论是工作分配，对某位同事的评价，最近热门的电影、电视剧，还是办公室里最常聊的婆媳关系。毕竟“谈资”这件事，是她每天都在做的功课。

有几次，她唾沫横飞地发挥了好久，其他人则笑着不作声，偶尔夹杂几句“是哟”。Z小姐说得口干舌燥，也注意到了大家的发言越来越少，不过她心里暗想：“这就是所说的掌控话语权吧！”

在工作会议上，每当领导问起某个项目的看法，Z小姐一定第一个站起来，从宏观到微观，从横向到纵向，十分钟以内绝不会结束。渐渐地，大家也习惯了这种方式，每次遇到这种情形，领导都会说：“Z小姐先说，大家在她发言的时候好好思考一下。”

这仿佛很好，可是渐渐地，Z小姐还是感到有哪里不对。

渐渐地，朋友圈里活跃的人数渐渐减少，除了微商们还在如火如荼，只剩下些许晒娃的宝妈，些许晒养生的长辈，偶尔发些广告的厂商。

人们开始深深懂得，在朋友圈里过得光鲜亮丽真是件无聊的事。而生活中那些值得体味和分享的瞬间，其实更适合和身边的人慢慢体会。Z小姐的朋友圈越来越空，她想不懂大家到底都去了哪里。

微信群里的分享回应很少，是啊，大家都渐渐冷却了朋友圈，又何须热衷于某一个微信群呢？况且那些新闻和话题，每天都有不同的新闻软件在提醒点击，似乎也没有什么价值和意思。

Z小姐心里多少有些落空，不过，她也很快遇到了一件高兴的事情，就是办公室里来了一位她喜欢的新同事。

他叫保罗，是一个很优秀的人。Z小姐更加觉得，自己一定要好好表现，让他看见自己。

她继续在办公室里主导着话题，并经常伴以夸张的表情和语气，有时则会搬出一些专家的话来显得自己博学。

在小组开会的时候，她也会第一个阐述自己的意见。她隐隐觉得，如果气场这种东西真的存在，那么起码在这间小小的办公室里，自己就是那个最耀眼的人。

跟保罗表白的那一天，她谋划了好久。

她想，其实女孩子的主动也可以很酷。于是她在一次加班之后，将保罗约到了朋友的餐厅，准备了长长的告白。

可惜，在她的告白进行一半的时候，保罗打断了她："对不起，我想我们不合适。"

Z小姐的心里万分难过，她想要知道为什么。

保罗很有教养，只是为难地说了一句："你不是我喜欢的类型。"

如果说，保罗的拒绝让Z小姐的自信心受到了打击，那么年底的领导约谈，则让她有些怀疑人生。领导给了她一个中肯的建议：“今后不要在会议上抢先发言。”因为大家都觉得她的发言很空洞，没有任何含金量。大家也习惯了，每次讨论问题的时候，以Z小姐发言的时间，作为自己的思考时间。换言之，事实上Z小姐的发言没有人在听。

那一次，Z小姐看到领导给自己的年终考评表上写了一句话：弱者会通过说很多话来让他人关注。

那是她第一次，喉咙里像是卡了一根刺，一句话也说不出来。

其实，越多经历的人，反而越不喜欢多言。就像是读书越多就越明白自己的无知，路走得越远就越懂得自己的渺小。如Z小姐一样的姑娘，只是发错了力，所以走偏了方向。

话说得多，不代表有价值，更不代表会获得尊重和认可，这样的存在感不如索性不要。

因为经常做文化类活动，所以我遇见过很多像Z小姐一样的人。有时候明明活动现场时间很紧，但是会有人硬生生站起来，在表达观点之前用五分钟之久去阐述自己有多牛，全然不顾听者脸上的淡漠和主持人的尴尬。

我们总应该意识到一个问题，就是不要随意侵占别人的时间。会议上冗长的发言，办公室里没完没了的闲谈，微信群和朋友圈里的刷屏，都在此范围之内。

其实在保罗第一次坐在那间办公室里，皱着眉头听Z小姐唠叨了一个下午的无聊话题，就注定了她的情感只能是一场漫无边际的单相思。

因为竞争激烈，尤其在北上广这样的城市，如Z小姐一样用错力的人很多。他们原本想要证明自己，却又不小心暴露了自己的自卑、寂寞和无知。而能够解救这一切的最好办法，只有一样——就是让自己的内心变得富足。

言，便要有物。

如果做不到，那么起码也要懂得表达的契机和分寸。

我想起自己很尊敬的一位校长，在炎热的开学典礼上，因为媒体的缘故已经占用了不少时间。当他站在话筒前方，我们都以为即将会顶着太阳忍受一段煎熬，但他就是那样自然地清了清嗓子："天气太热，我不说太多。不管是新学期还是哪一天哪一个小时，对你的意义都是独一无二的，尽可能不做遗憾的事，比如咱们就不应该站在太阳底下浪费生命，去学习、去交朋友、去运动都好。散会！"

这么短短的一段话，简直酷毙了。在我心里，至今能够记得那位自信而有个性的校长。反之，如果当初他掏出演讲稿，抑扬顿挫地读上二十分钟，那么我们都不会对他有半点印象。

说话的价值，来自内容，而不是所占据的时长和说话的语气。

存在感是刷不出来的，谈资也只是一个人价值的附加。用力过猛，反而会变成透明人，消失在他人的视线里。

假装无所谓，你就真的无所谓

有句俗语："强扭的瓜不甜。"有时费尽心思才得到的，反而会伴随无尽的虚空感。淡定是一种态度，豁达是一种胸怀，面对你争我抢的情形，如果有人能够做到处变不惊，那总归是一件很酷的事情。

可是，在这个以竞争为主流的社会里，谁又能将"无所谓"的态度坚守到底呢？如果心中有所谓，却在嘴上假装无所谓，那么这样的豁达会不会是一场人生的玩笑？

L是我的大学室友，我们的床紧挨着，工作后也在同一座城市，所以每个月都会约上几次饭。在我眼中，她是那种很有气质的女生。

气质这件事，不是依靠名牌和化妆品可以堆砌出来的，是由内而外散发的一股劲儿，让人折服。我与L关系很好，除了四年同窗兼邻床，还因为另一件事情。

大四那年，我们都在争取班里的保研名额，最后面对同一个名额，她成了我唯一的竞争对手。我没有想太多，胜负皆由天定，她是值得我尊重的对手，反正又不需要当面PK，并不会影响我们之间的友谊。但事情的结果是，L因为我主动放弃了保研，把机会留给了我。

我找到她询问，她轻轻侧头看着我："我不想和好朋友竞争。这样的结果很好啊，我无所谓的。"

不可否认，这件事情更加拉近了我和L的距离，因为面对利益，真的不是每一个人都能做到这样。我不知道如果她没有放弃，最后的结果会是怎样，但她的做法让我很感动。她珍视我们之间的友情，不允许有什么事情影响它的纯粹。

和L在一起，我们吃遍了这座城市里的美食。作为吃货，我们会真的动手绘制地图，一条街一条街地"扫荡"。每个人都需要在疲惫生活中找到一种减压方式，我们显然找到了。

和她关系越近，我发现了她性格上的一个特点。我曾经对她直言："喂，'无所谓'已经成了你的口头禅，你意识到了吗？"她将盯在美食上的眼睛抬起，扫了我一眼，似笑非笑："是吗？那又怎样？无所谓啊！"

"无所谓小姐，我觉得你应该适当收起这句话，不然太吃亏了。哪有人对什么都无所谓呢？如果有在乎的事情，就要说出来才好。”我很严肃地敲了敲她的碗，希望引起她的重视。

“放心吧，人生没有那么多必须得到的东西和一定要做的事，随心就好。”

L和男朋友闹分手那天，我也在现场。他拿了一摞地产的户型图，在给L分析每一套的利弊。买房子无法十全十美，从价格、地段、学校、医疗到户型，总要有所选择和放弃。

看着他认真的样子，再看着L的心不在焉，我的心里不禁涌起一丝担心。果然，在L说出那句：“无所谓啊，你定吧。”之后，对方的脸色渐渐暗下来，最后放下筷子，十分平静地说了一句：“既然所有的事情都是无所谓，那么在你心里有在乎的人和事吗？”

他礼貌地说了一句“失陪”，抓起外套走了出去，剩下愣愣的L。我连忙推了推她：“追上去解释一下。”她没有动，轻轻摇了摇头。

对于相爱的人来说，这真的不算一件大不了的事，甚至称不上是矛盾。如果是旁观的过客，或许会觉得L的男友太大惊小怪了。与太多物质的女孩相比，他显然是捡到了一个宝。

而作为L的闺密，我却完全理解对方的反应。如果不是积攒了太多的落空，听了太多的“无所谓”，不至于有这样的难过。

我劝L说：“其实很多事情你明明是有所谓的，但是偏要装出无所谓的样子，难道这样就不累吗？”

除了保研名额和男友的房子，L还用这句话放弃过很多她在意的事情。比如某个方案的署名，公司里的某位大客户，某次出国进修的机会，等等。其实说到底，L在心底在意的，是为了得到某样东西而不得不失去的优雅。

可是她忘记了，面对真正在意的东西时，带着充分的底气拿走它，也不失为另一种优雅。

她看着我久久没有说话，只是不停地晃着手里的杯子，那些液体左右翻腾，但是最终没有被喝下去。那次聚会我们不欢而散，直到夜晚时我接到了她的信息：“你说得对，我以为这样会很潇洒，其实真得很蠢。”

有很多时候，我们都误解了潇洒、淡定、豁达这些词语。它们的意义，更多的是在经历坎坷磨难之后帮助我们更好地调整心态，面对接下来的生活，而不是在一开始就选择了放弃。

我们身边的“无所谓先生”和“无所谓小姐”，都是心地善良的人，他们不争不抢，不是因为不在意，反而是因为更加珍视。

就像当年我们面对唯一的保研名额，她一定是担心这样的事件或许会让她失去一个朋友，所以在两者之间做了选择。可是假如我们能够更加坦诚地面对彼此，她也会明白其实这件事并不重要，她无须放弃什么。换句话说，如果当年因为这个保研名额，她就失去了我这个朋友，那也恰恰说明，我们之间的友情并不坚固，不值得为之遗憾。

真正的无所谓，就是顺其自然，让一切该发生的发生，而不是一次又一次选择逃避和退缩。

L找到男友，对他说出自己内心的真实想法。她只是不想给对方和他的家人压力，害怕自己无意中说出的哪一点，却成为困扰他们的条件。所以无论是哪一个小区、哪一个地段、什么样的面积，她都愿意那里成为他们婚姻关系的一个起点。可是，她并不习惯如此正式地表达出这些，而是换成了一贯的云淡风轻。

从那一刻起，我相信他们的关系一定比之前更好，彼此之间的信任和依赖会更强。

嘴上说无所谓，心里有所谓。但是说着说着，就真的无所谓了。我们总有心里在意的事情，对待这样的事情其实不必嘴硬。

与爱情、生活相比，L最大的变化体现在职场上。因为相爱的两个人互相懂得彼此宽容，其实没有那一次的敞开心扉，也不一定会有什么坏结果。但是职场就大大不同，每个人都是独立的个体，带着不同的价值，不同的诉求。一个人能够做到什么，希望得到什么，有能力获取什么，本来就是职场的重要组成部分。

和L相约在一家法国餐馆，这是她坚持要请客。我品尝了一顿大餐，也看到了重新洋溢在朋友脸上的光彩。她说，现在的她反而感受到了更多人对她的尊重。

是啊，一个连自己的劳动成果都不尊重的人，连自己眼前的机会都不珍惜的人，仅仅依靠“无所谓”三个字是不能赢得认可的。相比较他人的认可而言，自己内心的虚无也会越来越深。

有人说过：“你说出的话，其实就是别人眼中的你。”从这句话我们可以深切体会，一个人说出的话是多么重要，所以，千万不可将“无所谓先生”和“无所谓小姐”的标签贴在自己身上。

有些话你不说他也知道，但他会假装不知道

作为一个表达含蓄的民族，我们通常认为把话说透这件事情没什么意思，也欠缺美感，所以喜欢蜻蜓点水，或是干脆彼此猜心。

“有些话，我不说他也知道，又何必要直接说出来呢？”这是很多人内心的一厢情愿。是的，他可能知道，但你是否想过他也许会假装不知道？这种假装又会为生活带来什么？

家里闲聊时，姑姑无意中谈起表妹前阶段辞职的事情，义愤填膺。

原来，新入职的表妹因为杰出的表现，得到了部门主管和上面领导的一致认同，转正的时间也在各种语言暗示中仿佛即将来临。只是左等右等，偏偏就是没有确切消息。每个月的工资表发下来，表妹的名字依旧是在实习工资的那一栏。

室友劝她索性去问清楚，但是表妹思前想后还是退却了。

转正的事，主管和领导都在她面前提到过：“小张啊，表现得很不错，一定让你早点儿转正，别着急啊。”

你看，在这样的情况下，领导们明显已经对自己有了认可，或许只是因为太忙碌而搁置了。如果这时候她很正式地去提出来，会不会显得很现实？况且她也觉得这样的话题聊起来有些尴尬，不知如何启齿。“算了吧，我还是认真工作，到了该转正的时候，就一定会转。”表妹这样安慰自己，也这样劝导因为关心而替她着急的人。

后来，公司开始全力准备二十周年的庆典晚会，表妹跑前跑后，忙碌得像个陀螺，每天深夜加班完回到出租屋里，已经来不及想什么就呼呼睡去了。至于转正的事，或许领导也是因为庆典晚会的事而延迟了吧，他心里一定还记得。

庆典活动十分成功，落幕的那一天，表妹是现场最后一个离开的人。好消息是，她终于转正了，虽然来得真的有些晚，仅仅这项活动她就忙碌了三个月。不管怎样，她还是很兴奋，于是找了同部门的几个人，请客聚餐。

餐桌上，提起转正的事，表妹很激动，她兴奋地提起酒杯：“祝贺我终于转正，变成了正式员工，大家一起努力吧！”大家互望一眼，彼此笑笑，碰杯饮下。

也就是在这次聚餐中，表妹得知了关于转正的真相。原来这是老板的一贯做法，故意延迟员工的转正时间以及加薪时间。对于公司内的老员工而言，这是公开的秘密。你可以选择正式提出来，那样一定会加快这个进程，但是也会因此在老板心中对自己的形象产生一点点影响。

依照表妹的表现，转正是早就应该发生的事情。老板在做的，就是装作忘记，逐渐拖延那个时间。

得知真相之后，倔强的表妹毅然递交了离职申请。

在职场上，朋友间，家庭中，只要你愿意努力回想，一定有那些你认为对方心里知道，但是不愿说破的东西。而这些东西，说破与不说破，所面临的状况并不是一样的。

J是一位全职太太，三十几岁，喜欢美食、电影、插花，每天接送两个宝宝，其余时间看书、看电影、健身、做美容。她的丈夫C先生是一位公司负责人，事业有成，两个人的世界看起来十分完美。

得知C先生的公司已经负债是个偶然。那一天她晨跑回来，看见自家的花被风吹倒，于是蹲在院子里摆弄一番，却无意间听到了丈夫的一通电话。C先生站在窗前与人沟通，她蹲在院子里扶着花枝，她下意识地停止了手里的所有动作，直到丈夫的脚步渐渐走远。

从那天以后，她就一直在等待。

一家负债累累的公司，让C先生备受折磨，寝食难安，他的气色越来越不好，每天回家的时间比原来还要晚，因为需要处理的事情实在太多。他想过要对妻子坦承这件事，但是迟迟不知如何开口，每天深夜回来，他都会看到锅里为他留了一碗热汤，两个孩子已经熟睡。他总是会在客厅里独自坐一会儿，再回到卧室。

不说，不是因为所谓的面子，而是他实在不忍心将自己的压力和烦恼转嫁给他最爱的家人。

渐渐地，C先生觉得妻子似乎知道这件事，因为她连续几个月没有购物，没有去美容，还卖掉了自己的几个名牌包，为孩子交了学费。当然，她告知他的方式是云淡风轻的："你最近太忙，学费我已经交完了，正好有几个包不喜欢，被我卖掉了。"

C先生看着她的表情，看不出波澜，他也有些不敢长久直视。他不知道，她究竟知不知道，是怎么知道的，又会怎样看待他的隐瞒。

说出实情的那天，已经是几个月后。C先生喝了些酒，他设想过很多次这个场景，但还是感到胆怯，需要酒精的力量去推动。硬着头皮说出之后，他慌乱地看着妻子，她泣不成声地说："你终于肯告诉我了，你知道吗？我装得好辛苦，好难过，好煎熬。”他瞬间明白，心如刀割，深深懊悔。

对于表妹的那位老板而言，“假装不知道”是为了自身的利益，是一种狡猾的小伎俩。对待这样的人，要么转身离开，如果暂时不想放弃这份工作和应得的待遇，就要直接表达，推翻他的小九九。

说到底，他的暧昧态度，就是利用了很多善良小白兔的那一脸抹不开。

而对于J而言，她的“假装不知道”带着太多苦楚。这其中有对丈夫的心疼，心疼他不分昼夜地独自承担；有怨恨，怨恨他不能坦诚相待；有无助，想要做出些努力又怕伤害他的自尊；有压力，不能一起商量未来的路要如何前行；有愧疚，好像丈夫不说出实情是因为自己在现实面前已经毫无用武之地。

在这样的前提下，说出来，其实是对双方的一种解脱，是代表这两个人彼此间的信任，也会让两个人的生活面对一个重新开始的原点。

你不说他也知道，这通常是人们为自己的怯懦找到的外壳。不想说，不敢说，不知如何说，这些才是内心潜藏的真相。

就算你不说他也知道，面对面地直接坦诚告知，和藏着掖着的暧昧猜测，也是完全不同的两种关系纽带。

会哭的孩子有奶吃，但取决于什么时候哭

一些古话俗语祖祖辈辈地流传下来，必然有其恒久流传的道理。比如：“会哭的孩子有奶吃。”这在孩子的世界里当然是真理，饿了就哭，吃饱了就笑，多么直接而简单。而在成人世界里兜兜转转的我们，听了也不免会心一笑。是啊，如果不会哭，还真是难免会吃些哑巴亏。

不过，所谓的“会哭”，可不是声音响亮、中气十足、哭声持久那么简单。其中的门道和技巧，都值得玩味一番。

职场中，我们最常“哭”的目的一定是薪水。职位上去了，待遇没上去，空有一个名号和越来越重的责任，想想也有些不甘。怎样向领导提出涨薪，何时向领导提出加薪，都是十分迫切的事情。

私下里聚在一起，W小姐和另外的同事都觉得涨薪势在必行。他们是一家幼教集团下属分校的负责人，不仅仅出于自己

的薪资要求，就是为了各分校的人才吸纳、人员稳定、工作良好进行，也是必须解决的燃眉之急。

他们首先共同向人力资源部门正式提出了自己的要求，并且非常认真地附上了所在城市中同行业的薪资标准，表格形式一目了然，谁看了都会很清晰。其实，他们的薪资处于行业的中等水平，但关键在于他们所在的企业在行业中属于高端定位，收费也会高一些，所以，在这其中便产生了一种明显的不对等。W小姐和另外几位分校负责人都认为自己的薪资应该上升一个标准，并且教导主任、教师们的工资同样应该提升。

不过盼了许久，人力资源部门带来的回复是：等待。也就是说，申请和表格老板都看过了，但是没有立刻给出回复，所以要等消息，等多久不知道。众人只好露出失望的表情散去。

其实大家心里都明白，老板心里一定有自己的打算，或许他觉得时机未到，要再等一等，但更大的可能是，他或许只想为其中几家生源极好的分校校长涨薪，而不想大规模地水涨船高。毕竟老板给出的薪水已经不低，起码满足行业平均标准，在他内心深处，涨薪并不是势在必行的事。

如此一来，就到了各凭实力的时候了。

Y小姐是掏心掏肺的那一派，她是老员工，在公司已经超过十年，无论怎样，她觉得自己都应该是涨薪队伍里的一员。

于是，她选择在晚上发私信给老板，先是报告最近的工作成果，然后是探讨最近遇到的一些问题，刚刚在话题接近薪水这个词语的边缘，她就打出了“我与公司同舟共济，绝对尽心尽力，您是不是也给我涨涨工资呢？”这样的句子。可惜还没有发出去，老板的文字先发了过来：“晚了，早点儿休息吧，明天我还要出差，有事发邮件。”

尴尬，落空，失望。

出差回来，老板带回了香港的一支投资人团队，一行人浩浩荡荡在各个分校都参观了一圈，似乎要探讨投资事宜。对任何企业来说，这都是件好事，有了资本的进入，一定会推动企业做得更好。

这一天，应投资人的要求，老板将各位分校校长都约到了一间咖啡厅的商务包间，一来是见面，彼此认识一下；二来也是想亲自了解来自各分校的状况。

按照老板事先布置的要求，他们分别带了总结的PPT，以及各种表格，从招生到人员管理，到财务，通过方方面面来详细展示自己的分校。

随后，投资人对生源最差的两家分校提出了一些问题，由他们分别回答。比如招生缓慢的主观和客观原因，教师流失和生源流失的关系，等等。就是在这个场合下，其中一个分校的

M校长的回答，让人大跌眼镜。

“教师的流失与薪资标准有很大关系，我们目前的薪资水平稍低，行业人才又处于紧缺状态，而教师的流失必然造成学生的流失。另外，我们校长的薪资也太低了，如果能够提升一个档次，并且奖金与分校的利润挂钩，一定会让我们更有积极性。”

话音落下，W小姐分明看见老板的脸青了又绿，最后努力恢复到正常，挤出一丝微笑：“薪资的问题我们回头再谈，生源差的分校要从自身找原因，暂时不要考虑这个问题。下一个接着说吧。”

投资人走了之后，老板大发雷霆：“涨工资是在这种场合应该提出的要求吗？你的情商跑到哪里去了？”

也许是因为M校长的发言，投资这件事打了水漂。老板的心情跌到谷底，谁也不敢再提这件事情了。

不久后，W小姐还是等待到了属于自己的机会。那一天，老板带着教育局的一行领导来参观，目的是申请W小姐的分校成为市里的示范学校。这种行业内的肯定，对学校发展当然是有推动作用的。

W小姐落落大方，亲切地带领着领导参观了整个校区，每到一处都会进行详细的讲解，从教学特色到每一个特色区域。

教育局领导不住地点头赞许，W小姐看见老板的脸上也浮现出了久违的笑意。

午餐后休息时，教育局的领导聊起生源问题，连连称赞W小姐的招生工作开展顺利。W小姐看了一眼老板，转而谦虚地回答："没有没有，其实这些并不是我招生的功劳，主要是我们这里聚集了一批非常优秀的教师。您知道，现在对于每个家庭而言，孩子的教育投资是重中之重，只要家长认为值得，绝对不会在这方面去计较。所以因为教师团队的优秀，以及他们的稳定性，我相信还会有好老师慕名而来，这样家长也会慕名而来，相信我们一定会成为市里的一家现象级幼教机构。"

教育局领导连连点头，并拍了拍老板的肩膀："我看你就找了一位好校长啊！"老板笑得合不拢嘴。W小姐再次谦虚地接了一句："过誉了，这种行业影响力不是我一个人可以做到的，每一个行业里的佼佼者都向往好的平台，我也是有幸加入进来。"

那一天，参观人员离开后，老板也随即离开，临走的时候意味深长地看了她一眼："好好干吧，你表达的意思我都清楚了。"

没出三天，人力资源部门的电话很快打了过来，W小姐分校的教师、教导主任以及她自己，薪资标准都上调了一个等级。W小姐知道，那天老板真的明白了自己的意思。

会哭的孩子有奶吃，其实要想吃上这口奶，哭的时机和方式都很重要。Y小姐并没有哭到老板的心上，还未开口，就被对方嗅到了动机。更不用提M校长完全演绎了一个反面教材的示范。

得到我们想要的东西，只有一种前提，就是对方在心情愉悦的情况下，发自内心地认为这一切很值得，让他心甘情愿地要去付出。W小姐没有正面向老板提出任何要求，但她的话语已经让老板明白，这些钱花在正确的地方，在未来还会为自己的企业带来更多好的变化。

与其他同事相比，这哭相着实比较优雅，且一击即中。

每个人都会计算，什么是自己应得的，一旦失了衡，就会有表达的欲望。但事实是，每个人对自己的评估，和其他人的评估，有时候并没有画上等号。

在这样的情况下，“哭”是没有用的，重要的是“哭”在正确的时间点上，也“哭”到对方的心坎上。

不会表达，并非由于词汇量不够

小T最近开始变成了购书狂魔，网购的书成箱成箱地送来，快递员已经记住了她的名字。下班后，她瘦小的身躯吭哧吭哧再搬回去。同住的室友惊诧：“怎么忽然想起来要看书啊？”

小T不算是个十分内向的人，算是中规中矩、一板一眼的人。但是最近，她越来越觉得自己的表达能力需要升级。

意识到这个问题，是因为小T的职位发生了变化。她原本是一名办公室文员，倒也显露不出来什么，不过因为做事严谨，工作负责，她被提升成为一名总裁助理，沟通协调的工作内容渐渐多了起来。

在新的职位上，她忽然间发现，自己在表达能力上差得太远。比如，她认为自己很无趣，讲话很干，不能调动气氛；比如，她认为自己讲话很没有技巧，与人沟通非常直，不会充当人与人之间的润滑剂；再比如，她认为自己的话听起来很没有水平，没有内涵，有一点露怯。

思前想后，她认为自己还是读书不够，所以下定决心埋头苦读。

当然，她并没有收到显著的效果。

因为某位高层领导的跳槽，导致其旗下员工出现了集体跳槽的意向。应老板的要求，小T与人力资源主管共同来到了事发的分公司。小T心里明白，这对公司而言会是一次地震式的事件。很多时候，所谓的保密协议能够起到的力量很薄弱。一位重要高层到了竞争对手的公司里，已经无疑是一场灾难。

假如他们这次的沟通失败，大量员工也随之流失，将会让公司出现有史以来最大的一次危机。

而小T的出现，正是以助理的身份代替远在国外来不及赶回来的老板，从某种程度上来说，小T说出的每一句话，背后所透露出的内容，就代表了老板的立场和态度。她不免觉得紧张，只是故作优雅地坐在那里，沉默地聆听。其实，她是不敢多说话。

找到有离职意向的这些员工，与他们进行了谈话。这些人当中，有些人明确表示自己想要离职，是因为父母生病或者自己准备结婚等原因；也有些人顾左右而言他，拒不承认自己有这个打算；还有一些人，直言自己对公司的管理制度、薪酬体系等级不满意，有离开的打算。当然，他们都保持了同一份理智，就是不承认自己的离职与那位高层领导有关。

大家心里都明白，这是不能捅破的窗户纸，捅破了就有可能承担法律后果。

可以说，不只是小T心里捏了一把冷汗，就连见多了类似场面、做过无数场员工面谈的人力资源主管，也明白这其中有多艰难。

小T在脑中过滤了这几个月来自己看过的所有书，发现都没有办法在现场调动出一些有用的东西，只能乖乖地坐在那里，用自己的微笑来向员工们表示："老板是希望你们留下来的。"

结果无人答话，场面尴尬。

这时小T的同事Y站了出来："这里的薪资是不设天花板的，之前你的价值没有被你的主管领导所看到，这是他的问题，他现在已经离开。你要做的，就是趁着全新的机会，将能力展示出来。现在助理就坐在这里，她显然已经看到了你。"

他对在管理方面有异议的员工说："或许你们知道，这里发生了一件影响很大的人事变动。这对于公司来说不是一件好事情，但是对你们而言却是好事，因为在未来不会有任何一家分公司的管理会超过这里，这里将是老板着重用力的地方。"

他对正在纠结的员工说："任何一家公司其实都不会发自内心接受其他公司的叛逃者，道理你们一定明白。他们开出条件想要得到的，是你们手上的资源，并不是你们，资源用尽，你们的遭遇还不如一个职场小白。"

…………

在Y的努力下，大多数员工表示不再考虑离职的问题。

事后小T一直缠着Y传授说话的经验，Y想了想，告诉了小T一个可行性很强的办法：小T是总裁助理的职务，有很多沟通环节，所以可以利用工作的机会去训练自己。比如，第二天要与A员工沟通某一件事情，那么不妨在草稿纸上先给A做性格画像，针对这件事情给A的态度做一个预判。随后，小T可以列出几种沟通模式，然后预判每一种模式A会做出的反应，以及最后会达到的结果。

显然，小T要选择自己想要的结果。那选择哪一种模式呢？假如所有模式都无法通向这个结果，那就要重新思考沟通的必要性，或者与老板事先沟通告知。假如有多种模式都会通向同一个结果，那么就选择其中可以让更多的人感到舒适，更多的人利益受到保护的那一条。

这是一种很笨的方式，但只要练习几次，就可以扔掉草稿纸，在大脑中做出分析了。直到有一天，这些东西已经转化为一种能力，那么小T的沟通水平一定已经提升了一大截。

按照Y的方式，小T尝试了几次。虽然一开始她认为自己的做法仿佛有一些可笑，但是不可否认，在这样的事先准备之下，她的效率反而提升了，并且因为思考的全面性，让她做事风格越来越稳健。

小T依旧喜欢看书，但是已经不再把它当作一种语言速成的工具，而是为自己的灵魂打开更多窗口。见识越广，谈吐自然不凡。图书是增长见识的重要途径。

关于说话这件事，小T还刚刚入门。但是她觉得，这似乎是一件很有趣的事情，一切，也正在向好的方向发展。

那些不能随意说出口的话

好胜心作为人之常情，它体现在人们生活中的方方面面。街头小店里或是大型商场中，总有人为了几元钱甚至几角钱的让利争来争去。问起来，不是为了那点钱，而是为了争一口气。饭桌上，有人哪怕已经肝硬化了，还是一杯酒一杯酒地拼命往下灌，不是真的爱酒，只是为了争个输赢。

不论如何，都想要赢，这似乎从古时候起就被写进了我们的基因，所以会出现“既生瑜何生亮”的故事，会发生“玄武门之变”这样的无奈。

这份想赢的心自然也表现在我们日常的言语中，于是，当谈话聊天的时候，为了能在话题里占据不败之地，往往有人绕过话题，把话头直接对准对方，在对方软肋上一击，为的不过是能堵得对方哑口无言罢了。

自然，好胜不是错，想赢也没什么不对，但是不是任何时候都一定要保证自己是占上风的那个人呢？是不是不论如何，都要与人一争短长，毫不让人呢？是不是日常争论时，为了能获得口头的一时上风，不论吐出的话多么伤人，只要能赢就都是值得的呢？

小N和小X是我的师妹，她们曾是一对特别好的朋友。

大学新生入学第一天，小X去小N的宿舍串门，第一眼就看到放在小N桌面上的一本书，那是一部英国的系列小说中的第五本，当时还没被国内翻译过来，小N的那本书是英文原版，刚好小X也正在读这本书。

小X身边喜欢读英文原版小说的人不多，她像是久旱逢甘露，立刻拉着小N聊起了书里的内容。

小N也特别开心，能在开学第一天遇到一个正在跟自己读同一本英文小说的人，这简直是天大的缘分，那一刻她相信，一定是上天怜悯她孤身一人来到这座陌生的城市，才赐给她小X这个朋友。

小X笑起来甜甜的，小N很快就喜欢上了这个新认识的小姑娘。那天，两个人一起去食堂吃了饭，话题从那本书里的内容聊到她们看过的其他书籍，她们惊讶地发现两个人读过的书的重合率相当高，她们彼此简直就像是世界上的另一个自己。

聊到家庭的时候，健谈的小X却似乎不大愿意多说了。小N其实看得出来，小X的家庭状况应该不怎么好。不过小X

不说，小N也不愿意多问，毕竟她交朋友是看对方的人品和品位，又不是看家境。

就这样，她们从入学第一天开始就成了亲密无间的好闺密。她们常常在一起感叹这件事情有多么幸运，有的人可能一生都遇不到一个真正的知己，她们却这样轻易就找到了彼此。

随着交往程度的加深，小N和小X对彼此的了解也越来越全面。小N知道了小X家在农村，下面还有一个妹妹和一个弟弟，知道小X家里原本不同意小X去读书，全靠她四处与亲戚借钱才能顺利上大学。小X的唯一爱好就是读书，读各种书，为了能读到她喜欢的书，她在高三期间还跑出去做兼职。当初买那本英文书的钱就是她做了三个月的兼职才攒下来的。

与小X不同，小N的家境可以算是优渥。尽管她不是出生在大富大贵之家，但她的父母都是老师，她从小就生长在一个非常有学术氛围的环境中，并且她是家中独女，一个人独享了来自父母全部的爱。

家境的差距成了小N和小X之间的敏感话题，但她们都是很知书达理的人，在日常聊天时总能很好地处理谈话气氛，所以当小X谈起她的家庭时，她不会显得很凄惨；而小N谈起她的生活时，她也不会显得是在炫耀。

都说交朋友也要门当户对，但小N一点儿也不担心她和小X之间会出现任何问题，她们彼此思想的融合度非常高，更何况小X也不是那种看到对方家境比自己好就会态度不平衡的人。

她们的友谊一直持续到大四那年。

大学期间的纯粹和美好，在大四这年似乎减淡了许多。这一年，大家都要面对一个他们过去从没面对过的问题，一个被现实照进的问题，那就是离开校园之后该何去何从。当各种招聘会走进大家的生活中，当每天必做的日常从读书变成查看邮件，原本惬意的心情就开始变得越来越浮躁了。

她们开始一份一份地投出简历，接着焦躁地等待回复，她们眼看着身边的人得到了优秀的工作岗位，她们却一无所得。于是，焦虑、烦躁开始入侵她们的空间，她们的性情不再平和，彼此之间也开始经常性地发生争吵。

争吵的缘由往往是无厘头的，她们只不过是心情不顺，随便有个由头就能吵起来，比如一支找不到的钢笔，比如一本掉了页的书。

最严重的那一次，也是她们最后的一次争吵。

当时一个平时表现非常一般的同学通过了世界五百强公司的面试，小N特别想去那家公司，她投了几份简历却都石沉大海，于是，在祝贺那个同学的同时，她的心里却比谁都烦躁。

小X对小N十分了解，她知道那时候小N的心情一定不好受，所以提出带小N出去逛街散散心。在逛街的过程中，小X一直不停地安慰小N，她告诉小N，以小N的资质，她一定能拿到一份更好的工作。

但她的安慰并没有起到更好的效果，小N还是心烦，看着街上来来往往的那些开心的人，她更是烦得要命，她不想再聊关于工作的任何事情，她起了一个话头，提到了她们一直在看的那本小说。

当时小说已经出到了第六本，谁都不知道接下来的情节会如何发展，在网络上有一些相关的讨论，其中观点不一。

小N和小X就持有两个完全不同的观点，她们谁也说服不了谁，每一次谈起这个话题时，她们总会争论不休。只不过，过去的争论是平和的，这一次她们的争论却带上了不少火药味。

小X原本是陪小N散心的，但一次一次被小N针锋相对，小X也有些情绪不好了，而且她坚持认为自己的猜测没错，她相信下一本书的正式出版一定能证明她的判断。于是她说，为了证明她的观点，等下本书一上市，她一定第一时间把书买来看个究竟。

小N本来已经非常烦躁，加上小X还不停地跟她抬杠，听到小X的话，她冷哼一声，把原本的声音抬高了：“你？你买得起吗？”

小X愣了，小N也愣了。

接着小X直接转身离开，头也不回。

那天之后，小N和小X两个人之间就再也没说一句话。

一年以后，那本书的续本出版了，情节果然如小X当初的预料。小N盼着小X能给她发一条消息，但她等了整整半年多，却什么都没等到。

从其他同学的口中，小N得知小X进了一家非常好的企业。而小N则选择了继续读研，希望以后能如父母一样留校当老师。两个人都算有了不错的发展，但每次小N看到一篇好文章，或是看到一本合她胃口的书，想找人分享时，她却根本不知道该找谁。

小X曾经是她唯一的知己，按照她的话来说，小X是老天给予她的恩赐，但她却仅仅为了争得一时的口舌之快而彻底伤了小X的心。

她知道家境不好是小X唯一的软肋，而正是因为她知道戳这个软肋能彻底击溃小X，所以她才能准确无误地打中小X的死穴，才能在争论中占据绝对的上风，但代价却是她彻底失去了小X。

人与人之间，只要有交流，就难免出现争论，但在争论的时候，对方往往并不是你真正的敌人，有时甚至还是你的朋友。他不是王朗，你也不是诸葛亮，是不是你就一定要用最刻薄的话，击垮对方的内心？

小N因为口舌之争失去了她珍贵的朋友，而我们争论的对象或许不是这么重要的朋友，有时候可能仅仅是个路人，但是为了逞口舌之快，把语言变作利刃，直接刺进对方的心底，这除了让你获得一点点短暂的快感外，你更多的是伤害了一个本可亲近的人。

第二章

在人际关系中，
你不该只做一个鼓掌的路人

你压抑自己，并不会换来更多人的喜欢

职场中和生活中，都有一种小绵羊式的人物。他们活得小心翼翼，他们不敢轻易表露自己的性情和观点。他们人云亦云，亦步亦趋，试图用这样的方式保护自己，去迎合所有人，但最终换来的，常常不是喜欢，更不是尊重，而是忽视，甚至是讨厌。

陈年年第一次听说“社交货币”这个词语，是有一次午休和江曼一起吃麻辣烫。

江曼边吃边用手机播放一个小视频，吃得满头大汗，还满不在乎地抹着嘴边的辣椒油，对陈年年说：“这些商业精英总是造出各种各样的词语，为我们洗脑，听听就好，不可全信。”

而陈年年一边应和着，心里却清楚地知道，“社交货币”这个东西的确是真实存在的。而在这方面，她同样是个穷光

蛋。作为一个刚刚进入职场的新人，她实在没有什么“个人品牌”的效应，她的“社交货币”，就是点赞、鼓掌，尽量融入他人的话题和观点，以及随时压抑和反省自己。

她很羡慕江曼，作为比自己高一届的学姐，现在已经晋升为主管级别，怎么看都是一个职场“白骨精”，说话直接干脆，走路也利落生风。可是她自己却不行，因为不够自信，因为没有资本，因为底气不足。

在说话这件事上，陈年年一直认为自己是个保守派。她小心谨慎，又很谦虚，绝不会因为语言不得体而得罪什么人，但她也不敢露出锋芒。既然自己羽翼未丰，便尽量跟随，这应该是最安稳的生存术了吧。

开始的半年，陈年年的乖巧得到了大家的喜爱。大家都认为，这是一个很努力的姑娘，乐于学习，任劳任怨，在每一次工作任务中，很多人也愿意将她要来，做一些细碎但是不容疏忽的事情。

工作之外，她更是像一只小白兔一样无公害，跟谁在一起，都可以很快融入。当然，为了跟同事们聊得来，她也做出了不少努力，比如说一定会去追大家都看的剧，去做大家都喜欢的运动，跟大家站在同一立场上评价一个人或者一部电影，陪大家去吃他们爱吃的那家餐馆。

有人开玩笑说，年年就像是扑克里的万能牌，百搭又实用，省心又贴心。

而这一切并没有持续下去，当陈年年意识到自己在公司的尴尬地位时，是在入职一年的时候。

入职一年，公司的HR部门会对员工有一个整体的评价体系，这关乎涨薪、升职，还有最重要的，是一个职员对于自己职业规划的明晰。

当HR负责人将表格放在陈年年的手上时，她看着那些来自领导、上级、同事，甚至是客户的评价，微微有些难过。

它们是那样简短，仿佛大家对她的存在并没有那么在意，她对于公司的角色，就是那样轻描淡写的一种存在，而这似乎也怪不得别人，正是源于她自己拟定的处世原则。

那天晚上，她魂不守舍地刷着朋友圈，像没事人一样给所有人都点了个赞，接着她收到了江曼的信息："你给每个人点赞，就相当于谁也没有点；你同意并跟从于每个人的观点，就相当于没有观点；你想和所有人成为朋友，就相当于没有朋友。"

半个小时后，陈年年和江曼坐在一家小餐馆里。江曼说："我请你吃饭，但你要让一个最真实的陈年年坐在我的对面。”

她坐在了江曼的对面，感到浑身不自在。她不习惯成为任何场合的主角，即使是在餐桌上。

看着她的沉默与不知所措，江曼笑了。她率先打破这样的尴尬：“今天就咱俩，作为校友和朋友，我们不妨随便聊聊，你不要多想。”

江曼率先打开了话匣子，她说，其实回想她入职一年的时候，情形与陈年年相反，表格上密密麻麻写满了评价，不过大部分却都是批评的话语。

比如，那时候的江曼很容易情绪失控，不太懂得平衡大局。同事们对公司的某项规章制度有意见，但都只限于发发牢骚，但她却按捺不住敲门，闯进领导办公室，被所有人当枪使，也被领导劈头骂了回来。

比如，在会议上，她还闹过几次乌龙。当领导询问大家的意见，她直接站起来说了三点。在场的人都抿着嘴笑，因为那暴露了她的无知和缺乏经验。

比如，她还曾经因为聊得性起，与客户大侃特侃，从时尚到畅销书，从家庭理财到孩子早恋，事后被主管严厉批评。

诸如此类种种，听得陈年年目瞪口呆。因为江曼所犯的那些错误，正是她所时刻规避的。而事实上，当她进入公司之后，见到了正是从一年这个节点开始，一个截然不同的江曼。

陈年年进入公司所见到的江曼，并不像她说的那样。但她性格的确犀利而直率，敢于因为不同意见而和上司高声争论，但是事情过后依旧谈笑风生，我行我素。她甚至敢于推翻客户的观点，并强势地为他们建立另一套体系，在所有人眼里，她都是一个有主见、有魄力，并且雷厉风行的女人。

所以，江曼升职的时候，陈年年认为这就是自己未来的目标。而未来究竟有多远，当然是她积累了足够的自信，有了更多资本之后。

当她说出这样的观点，却被江曼直接否定了。

其实，职场是允许犯错的，也是允许真性情的。一个合格的老板，一个好的HR体系，正是要识别出别人独一无二的特质，帮助他们修正和发挥优势，最后放在一个合适的职业成长规划中去。

江曼的第一年，虽然暴露了缺点，但那都是工作经验可以弥补的，同时也彰显了优势和特质，因此她的职业路线走得非常明晰。

陈年年忽然意识到，自己所谓的“周到”，本来是希望自己可以受到欢迎，拥有各种可能性，其实反而是一种致命的“压制”，导致了整个人定位的不明晰。

她回想起来，有很多次，她也很想在会议上表达一些看法，但是又怕说出的话太幼稚，耽误大家的时间，给自己打脸，也给直属上司添堵，最后都默默吞了回去。

还有很多时候，她想要在与客户的交流中，尝试着用自己的方式，但是唯恐有什么差池，最后规规矩矩，不犯错，却也没有给对方留下什么印象。

她为了和所有人打成一片，而去靠近他们的喜好。却丝毫没有察觉，所有人都看到了她的这种“周到”，反而会因为不知道真实的她是什么样的人，并不敢真的和她成为朋友。

她曾经认为，就算是永远做一个兢兢业业的小人物，也可以获得一席之地。但是她忘记了，在职场上，不进则退。如果你看起来丝毫没有成长的可能性，又如何能够长久走下去呢？

其实，陈年年并不是没有想法的人，只是过度的谨慎让她隐藏了自我。她不敢表达，很少表达，甚至会违心地表达。

而这些忍让，都不会让她成为一个更受欢迎的人，更不会让她成为一个更有价值的人。

在懂得这些道理的当下，她终于明白，站在这样一个起点上，同样不是坏事，她完全不用成为另一个江曼，但是可以唤醒一个新的陈年年。

这个全新的陈年年，可以继续站在“沉稳”“踏实”的标签上，但与此同时，在适当的场合去表达自己的深思熟虑，在客户面前，她可以在快速读懂一个人喜好的同时，找到打开他内心的那个支点，并完美切入。

而这些，正是她个人所独具的能力和优势。她的“社交货币”，不再是压抑与追随，而是稳重和懂得。

你是否常常习惯于隐藏在拇指之后

自从有了微信等即时沟通软件，短信已经沦为各种保险、银行、学校以及商家们的阵地。微信沟通可以文字，可以语音，也可以视频，方便程度让人赞不绝口。

在这样的境况之下，我们拨出的电话越来越少，与人见面的必要性也越来越弱，可是尽管如此，我依旧不愿意承认，仅仅依赖飞舞的拇指，真的可以替代人与人面对面沟通吗?

小K跟我的想法恰恰相反，她认为拇指沟通为她带来了便捷，甚至带来了沟通的升级。我们在这件事的认知上，有很大的不同。

小K是那种身材娇小的女生，长了一张娃娃脸，看起来弱不禁风。明明进入职场已经快要十年，却总是会被当作刚毕业的大学生。同学聚会时，大伙儿总是打趣她："传说中的冻龄就是您本人吧！这么多年了，也不见什么变化。新中国成立以后不许成精，没听说吗？”

调侃之下，小K的心情着实复杂。或许对于一个女孩来说，相貌年轻是件好事，是好多人羡慕不来的。但是小K却明白，这里面也会有很多难以言说的苦衷。

举例来说，明明是去谈一件很重要的项目，自己也做了充分准备，见面之前打好了腹稿。但是当对方见到如此一个瘦弱的女孩，看起来稚气未脱，带着学生气，不由得就会产生质疑和不信任。而带着这样的偏见，小K的工作总是会比其他人增添几分难度。毕竟在气场上，就首先输了一截。

相比较面对面沟通，小K更喜欢电话沟通，因为她的声音听起来很利落，在良好的准备下，她可以十分顺畅地说出她的想法，并能够做出快速反应，与对方势均力敌。所以，每当有需要与外地媒体和客户电话沟通的事宜，她都很愿意去做。

当微信兴起之后，小K觉得自己终于要走出那个瓶颈了。她知道，现在交通的拥堵让很多人都讨厌奔波在路上，没有人愿意把宝贵的时间丢在路上。所以，微信沟通、视频交流，已经是很成熟的做法了。而这样的沟通方式，会让她更加舒适，也更加自信。

因为是在视频中，适合的装束和妆容，加上光影的凸显，所以会使得她看起来更加成熟稳重，起码看起来是个值得信赖的商业伙伴。

在新的沟通载体上，小K如鱼得水，发挥了更大的价值，内心感到很满足。渐渐地，她也爱上了这种沟通方式，将自己隐藏在拇指之后。

想要与新的客户和合作伙伴对接，她会立刻要来这个人的微信名片，加好友，然后开启聊天模式。就连签合约，也可以在微信上沟通细节，最后通过快递邮寄合同，来完成一次合作。

她会在每一个节日用微信为商业伙伴发去祝福，也会在他们的朋友圈中默默点赞。这样的世界，对她而言，还真得不错。

小K认为，一个人费力地想要展现出自己所不具备的素质，是世界上最累的事情。就像在从前，她需要化着浓妆、踩着高跟鞋，故作稳重地打开一份计划书。她感到自己的工作越来越顺手，心情越来越舒展。

不过，小K本以为自己的工作业绩会有一个大的增长，却没有想到，两年的时间过去，她的业务量依旧在往日的排名上。职场上逆水行舟，不进则退。事实上，原地踏步便是一种危机，小K开始意识到，似乎在哪个环节出现了问题。

互联网打通了人与人之间一条新的高效沟通渠道，但是这并不意味着，面对面沟通是可以被忽视和省略的。小K反复看了看公司里的业绩排行榜，试图找到答案。

答案是闺密九九告诉她的。因为她俩没有利益之争，只有纯粹的友谊，所以九九知无不言。

与小K一样，九九认同微信以及邮件、QQ等所有互联网平台的高效沟通，但是九九做到了另一处不同，就是在追求效率之外，从来没有放弃与任何一位合作者，甚至是家人、朋友的见面。

“别说是合作伙伴，就连朋友和家人都不是仅凭社交软件就可以维系感情的，你可以仔细想一想。”九九坐在小K对面，真诚地看着她的眼睛。

九九一定会和自己的客户去见面，即使是异地客户也一样。出差时，提前与对方打声招呼，为了不添麻烦，尽量去对方公司附近的餐厅小聚一下，就算是一年见一次，也比在网上打字要来得直接和亲切。

面对面坐着，不是在工作场合里，所以彼此的状态都很放松，就会带有一种亲切感。闲谈间聊一聊各种话题，增进了对彼此的了解。当两个人都回到彼此的世界里，这个人在手机通信录的所有符号里，一定已经是一个不一样的存在了。

即使不能见面，九九也习惯在节日时打一个电话。打电话的祝福和微信发过去的祝福，依旧带着两种温度。所以，同样是开展业务，九九在很多人的微信好友簿上，都不只是一个头像那样简单。

所以，九九与客户们的黏性，以及创造更多机会的可能性，都会更高。

小K深深吸了一口气，露出失落的表情："我明白了，你说得很对，可是这样一来我又要回到原来的境遇了，好惨，好惨。"

在九九的提示下，小K硬起头皮在之后的工作中增加了面谈和电话沟通的频率。她已经做好了再次受挫的准备。为了自己稚嫩的容貌和瘦弱的身材，不知道又要忍受多少冷眼与偏见。不过，事实却是，那些她深深担忧的情景没有再发生。

比如那一天，小K早早坐在咖啡厅里，她约了在微信沟通两年左右的左先生。左先生表示中午要出去办事，所以她索性约他下楼喝杯咖啡，并当面递交合同。

左先生从她身边走过的时候，她一眼认了出来。眼见他的视线穿过了她，她只好站起身来轻轻叫住他。"看来我还是不符合对方的形象预判啊！"小K在心里发了一个哭脸。

被喊住的左先生失笑，说了声抱歉后坐在她的对面。

"原来你竟是这么年轻的女士，真的比微信上漂亮很多，看来手机的摄像头还有技术升级的必要。"左先生笑着对小K

说，也算作对自己认错人的一点弥补。

“没关系，我也经常给自己洗脑，认为自己刚刚毕业。请多指教，左先生，毕竟我还年轻。”小K接住了这一招，索性幽默回复。

那一天，小K感到两个人的谈话十分轻松，或许就是因为这一开场的小乌龙事件。另外，小K也深深感受到，在多次微信沟通的前提下，对方其实已经对她的业务能力有了认可和信任，所以不但不会因为相貌问题而产生偏见，反倒会因为这一点对她的印象更深刻，两个人的开场也自然产生了话题，免去了那几分钟的冷场和尴尬。

这次见面对小K是一次巨大的鼓励，她开始试着将隐藏在拇指之后的自己释放出来，不只是在工作场合，同样适用于家人和朋友。兄弟姐妹之间，点个赞，回复一条信息，固然是对彼此的一种情感维系。但是约起来吃上一顿饭，聊一会儿天，那种亲切和真实，是冰冷的机器所不能代替的。

将自己隐藏起来，是一种逃避，是一种幻象。

没有任何一种软件可以解救自信，只有真实可见的情感可以。眼神与眼神的触碰所激起的是另外一种火花，这并不影响文字与文字之间的对撞。说到底，如何将多种方式结合起来，才是正解。

回答可以是错误的，但要敢于回答

在职场菜鸟向职场达人进阶的过程当中，自信心的培养是循序渐进的。试想，在一个高手如云的场合下，如果有人让你表述自己的见解，或是展示自己的招数，你站在众人之间，就可以想想他们一会儿会露出惊讶的表情，这样的压迫感是令人窒息的，是不是很想当缩头乌龟？

如果一个人明知道自己的水平有限，还要不要把心横下来去展示自己，放任自己去丢脸、去试错？俗话说，露多大脸，现多大眼。要不要在关公的面前耍大刀，战战兢兢，如履薄冰，还要忍受后面的打量眼光，自我煎熬？这对于职场新人来说，无疑是一项重大的考验。

我毕业后的第一份工作是就职于某杂志社，入职第一天就是编辑部开会，当天主任公布了几个主题，让所有参会人员表述自己的看法。可以说，我感觉自己的心脏快要跳出来了。

“入职第一天就碰到了刀口上，我还真是运气‘好’。”我心里嘀咕着。

我至今还记得，那一天我坐在主任的右手边，全程感觉左侧的气压很低，半边身体很僵硬。第一轮主题下来，主任说了一句：“就从我的右手边开始说吧。”我顿时感到快要石化了。毫无准备的我支支吾吾、语无伦次说了几句，结束后满脸通红，连自己都感到难为情。

听了后面的发言，有理有据，表述清晰，都是久经沙场的老编辑。我更加觉得自己有些露怯，后悔还不如说自己没有准备好，起码不会如此丢人。

情绪刚刚平稳下来，主任又公布了第二个主题，用眼睛瞟了一眼之后随口安排：“这一次反向来发言吧。”我松了一口气，将提起来的心放了下去，在最后发言，我起码可以好好思考，打好腹稿了。

可惜，放松的情绪并没有持续多久，等几位同事做完精彩发言之后，我才猛然意识到：既然我是发言的最后一位，那么也就意味着，所有的角度几乎都被别人说完了，我很有可能面对无话可说的局面。我的紧张和无助，在短暂的平复之后再次翻涌起来。

轮到我发言的那一刻，我还是硬着头皮接过了这个艰难的任务，找了一个十分偏僻的角度，做了无比简短的发言。发言并不精彩，也不完善，甚至可能有漏洞，但是我还是试图为自己做出解释：“有几位前辈的看法我非常赞同，可为了不重复，不浪费时间，我找到了一个另外的角度，我知道这并不成熟，也没有代表性，仅仅说出来完善我们的视角。”

发言结束后，我感受到左侧仿佛投射来一束眼光，那眼光的含义是什么，我没有胆量迎上去探究。只是很久以后，我与编辑部上上下下已经相处得像是一家人，一些同事告诉我，其实在那样的场合下，我的勇气是值得佩服的。

后来，我变成了一个老员工，也在类似的情境下看见不少新员工第一次的窘迫模样，渐渐懂得那一刻对于一个职场新人的意义究竟是什么。每个人都觉得很窘，但是我们还是能从这个人的发言中，得到我们的判断和信息。

尤娜不穿普拉达，但她是一位职场女魔头，对待下属总是冷着脸，加班是家常便饭，但是因为极强的责任心和业务能力，让每一个新人都梦想着加入她的团队。

尤娜有一个撒手锏，就是不断为新人提出高难的问题，让他们去做方案，也让他们去表达，有一些问题甚至老手也会感到为难，这种高强度的压迫感会让很多新人喘不过气来。

一位名牌大学毕业的研究生，就曾经在进入尤娜团队的第一天崩溃大哭。这位“天之骄子”从来没有尝过如此挫败的滋味，其实比挫败更让他难以承受的，还有被挑战的自尊心。在掌声和鲜花中成长起来的年轻人都接受不了这一点。

对于这样的情景，也有人劝说尤娜别逼得太紧。但是尤娜总是耸耸肩，继续我行我素。

被尤娜团队淘汰下来的人，都在背地里议论纷纷，他们讨论尤娜的冷血与强势，夸张那个团队的野性与无情。几年下来，只有两位年轻人——娟子和石军煜留了下来，他们咬紧牙关，突破了一次又一次考验。

而事实证明，他们已经可以单枪匹马操作项目，成为公司最有前景的年轻职员。他们在三年内做到的事情，已经是很多人奋斗十年都无法企及的。

当有一天，公司宣布娟子可以脱离尤娜团队，独自扛起一杆大旗，建立自己的团队时，众人惊诧不已。沉默了几秒钟，然后响起了掌声，尤娜脸带微笑，也在由衷地祝愿她。

进入尤娜团队的诸多年轻人中，学历高、能力强的人太多，娟子并不是最惹眼的那一个。当她有幸加入进去时，就下定决心要坚持到底。最初尤娜安排的那些难题，娟子也有些为难。

怕丢脸，怕浪费大家的时间，怕被尤娜认为没能力，这些都是她心里担忧的问题。可是，很快她就想到了这些问题的答案。

丢脸，比丢了机会要好。

如果一个新人的不成熟想法，会浪费一个团队的时间，那没有任何一个主管会愿意这样做，尤娜一定有其他的打算和目的。

至于自己的幼稚表达会让尤娜质疑她的能力，这是有可能发生的事情。可是毕竟还有一丝希望，如果不表达，那就完全丧失了机会。

想通了这个问题的娟子如释重负，她认真准备每一次回答，整理好条条框框，将全部想法表述出来。一次又一次，越挫越勇。

回想这几年来的训练，娟子知道，自己出了很多丑，犯了很多错。可是如今也觉得不算什么。尤娜告诉她，每一个职场小白上升的通道，就是由不断试错来组成的。错没有什么不好，错是必经之路。

如此，就可以理解尤娜的做法了，也明白了她的苦心所在。

既然是必经之路，那么是不是早错早成长？尤娜的做法，一段十年的路途，可以三年走完。这是让一个人迅速提升的绝好方式。只是在这个游戏的诸多关卡中，太多人还没有尝试就轻易放弃了。那些逃离的人，他们真的就不再犯错吗？不再丢脸吗？如果不可避免，又何必在意迎难而上？

如今，娟子已经有了自己的团队，要有自己的一套方式去训练新人。她也这样告诉团队里的每一个成员：“别想太多，当我需要你说看法，就请大声说出自己的观点，不管成熟与否、正确与否、丢脸与否，那些都是成功路上的必经之处。”

其实，在任何一个需要表达自己观点的场合里，接招就是了。不是人生的所有时刻，你都站在擂台之上，要迎接输赢。就像我刚入职时的那一次，我以为已经丢尽了脸面，但其实不同职位不同角度的人，在职场上都看到了他们想要看到的东西。

那个时候，没有人让你交出一张一百分的答卷。人们所希望看到的，是一个有冲劲的人，愿意尽全力尝试的人，在新人的思维里即将突围而出的人。

就算说错是一种必然，也不意味着我们就应该闭嘴。如果可以成长得更快，最终可以到达那个想要的地方，那么我们不介意遇到一些围观的观众，不介意他们投来的目光，不在乎那些掌声与嘘声。

人生反正都要打招呼，为什么不做那个先打招呼的人

无论在奔波忙碌的日常生活里，还是在风云际会的职场中，总有一类生活在故事边缘的小人物。这类人物会习惯性地“一叶障目”，他们精神紧绷、胆小如鼠，对面走来一个邻居家的叔叔、阿姨都会紧张，恨不得立马透明消失。

他们羞于主动打声招呼，更别指望在职场上能与客户和领导谈笑风生。

他们只会被动迎合对方的招呼，从不会主动出击，被动久了，时刻都像一只灰头土脸的小白鼠，被人遗弃在角落里，难以想起。

P小姐长相清丽，性格温和，是邻家妹妹那种惹人疼爱的类型。性格偏静，晕车，晕船，晕生人。虽然性格文静，但P小姐也有活蹦乱跳的一面，她也会快乐得像一只疯兔子，但这活泼好动只限于熟人之间，要想见识P小姐的好动与欢乐面，

相识没有个一年半载，这个想法基本上就是奢望。

初入职场的小白P小姐，每天看着雷厉风行、来来去去的同事，她总是那个被动应声的人。起初遇见同事，大家还会关心她几句，问问校园生活，问问初入职场的感觉。时间一久，大家都有自己的事要做，就只有相视一笑和偶尔一句日常问候。

P小姐知道，是自己的害羞在作祟，于是每晚临睡前都会给自己打一番鸡血：明天见到同事一定要多聊上几句。然而见面之后，所有的想法只剩下习惯性地弱弱地回应一句：“早上好！”

休息的时候，大家三五成群地热聊起来，P小姐不是坐在自己的格子间，就是沉默地坐在热聊的人群里，偶尔支支吾吾说上几句。在新认识的人面前，她有那么一点不自信，害怕自己说错话，害怕大家否定自己。

P小姐很羡慕对面格子间的李雪儿。李雪儿每天都是那么元气满满，每次看到同事都热情相待，来了新客户也能很快和客户熟识起来。李雪儿很容易就能自然地在大家面前表达自己。大家也都喜欢和她闲聊，休息时总能听见她爽朗的笑。

其实也不见得李雪儿比P小姐优秀多少，但她就是有着P小姐没有的自信，她也没有P小姐在生人面前那思前想后的顾虑。

P小姐就像一只灰头土脸的小白鼠，电梯里，偶然碰见公司的顶头上司，P小姐都会马上羞红脸，不停地揉搓自己的手指，无论在心里默默演习多少遍，都难以主动向上司问好，她莫名的紧张反而让总经理略觉尴尬。

总经理关心职员，问她工作感受，结果P小姐每次都像一个做错事情被上司训的员工，眼睛低垂，看向地面；看到总经理也只是木讷地等她问话。就这样一个没有气场的P小姐，上司记不住她，只好每次都问她是哪个部门的？最近工作怎么样？要不是P小姐脖子上的工作牌，总经理怕是不会瞧她一眼。

在总经理第六次问起P小姐的部门时，P小姐仅剩的一点自尊心也碎成了渣。

那天晚上，P小姐做了一个噩梦，梦里她站在电梯的一个角上，所有的人都在轻松地交谈，只有她像闯入了异世界，变得局促不安，像被排挤一样。她急迫地想加入大家，却无人搭她的话，她听到大家言语间对她都是不满，总经理甚至亲自明言，要让她马上离职……

P小姐开始变得越来越小、越来越小……她一下子从梦里惊醒，看了一下时间，凌晨四点。

P小姐意识到自己在公司的尴尬地位，就像一个错误的存在。这样下去，公司的清洁阿姨都会比她有人气，每个人见到清洁阿姨都会聊几句家常和生活，看到她只是微笑示意，无比陌生。她知道，自己必须做出一些改变。

但她转念又一想："不就是打招呼吗？不打也不会怎样啊！大家都是应付公事一样地问候一声，无所谓谁先开口！再说了，我一个小白，要是打招呼人家看不见，或者不理我，那多没面子啊！不管了，不管了，先睡觉！"

进行了一番拙劣的自我安慰的P小姐，翻来覆去睡不着，白天在电梯里与总经理相遇的一幕不断在脑海里显现。她很清楚，再也没有比相遇五六次都进行一样的对话，但人家还是不记得你是谁更尴尬的了。但她的慢热与害羞比她害怕尴尬的心理更占据上风，她一时还放不下她所谓的面子。

既然睡不着，就只能刷会儿手机了。她发了一条矫情的消息在朋友圈："出入了几百日的公司，自己仍是一个坐在角落的小透明。"设置公司同事不可见。心事重重的P小姐觉得时间在一秒一秒地流过，漫长极了，眼睛疲乏极了，脑袋却异常清醒。

早上六点，手机叮咚一声，P小姐心想不知谁这么早会给自己发消息。进入微信页面，她看到闺密分享给她的链接：日本文化纪录片《他们到底在向谁问好？》。在一起七年，闺密知道P小姐的慢热让她有点疏离大家。

P小姐打开视频，取景场地是一家快餐店的厨房门前，她看到来来往往的人进门都会弯腰说一声你好。镜头一转，来到了路上，拍摄行人，路过的行人都会主动对着摄像机打招呼，也会问候拍摄人员几句。最后一个环节是询问行人为什么要对着陌生人打招呼。日本居民回答，这是日常习惯，遇见的每一个人都要从真诚的问候开始。

P小姐知道，闺密绝对不是让她走在路上遇人就招呼几句。她也清楚国家间的文化差异。但视频里每一个行人都满脸笑容地问候让她触动很深：没有人会用巴掌迎接笑脸人，只是回应虽然不会失去什么，但主动相迎却能收获些什么，一个真诚的笑脸，一句诚意的问候，一份好心情。

P小姐清醒地意识到，她不仅不能再弱弱回应，她更应该反客为主。人生反正都要打招呼，自己为什么不做那个先打招呼的人？

P小姐猛然起身，在手机备忘录里写下“主动打招呼”这几个字，并设置为每日提醒。上班的路上，她脑海里放电影一般，不断设想与同事相遇打招呼的场面，她好像摇身一变，成了另一个职场红人P小姐，浑身散发着光。

然而到了公司楼下遇到迎面走来的同事，她脑子一片空白，一瞬间就忘记要打招呼这件事。如此几天，状况没有一点好转，P小姐有些气馁。

站在电梯里的P小姐欲哭无泪，电梯门开了，上司走了进来，P小姐硬着头皮自我介绍了一番。总经理笑着说："今天有什么好事发生吗？难得先开口说话啊！我知道你是哪个部门的了，工作加油！"

P小姐像吃了一颗定心丸，知道自己努力的方向对了，就差持之以恒去实施了。

所有的努力都不会一朝见效，生活不是电视剧，无法快进。P小姐开始一点一点突破自己，从一开始的羞红脸大声回应大家，到自己可以自然问候大家，再到可以轻松愉快地与大家谈天说地，可以毫无挂碍地与大家嬉笑打闹，已经是小半年之后了。

她也像李雪儿一样每天元气满满，能够轻松应对新来的客户，成功地迈出了成为职场强人的第一步。

打招呼，不是你先来，就是我先来。但机会总留给有准备的人，人总是喜欢热情的人。这小小的习惯虽然不会让一个人成为人生赢家，但足以成就一个全新的自己。人生反正都要打招呼，那为什么不做那个先打招呼的人呢？

别看“广告”，看“聊效”

如果说话是一门学问，那拜师学艺也没有什么不可以。在我们的周围，总有一些人擅长嘴上功夫，先天带有天赋，后天又肯动脑，古代就有苏秦的三寸不烂之舌，现在热热闹闹的生活中，更是少不了这样的大神存在。

我的朋友小Y决定拜其公司的传奇人物S姐为师，学习聊天、说话。为表诚意，她还特意准备了拜师宴，选了S姐最喜欢的日本料理。两个人还温了两壶小酒，捧着杯碰在一起，憧憬着未来的学习生涯。

那一天，小Y提出自己口拙，决定认真研习说话大法。S姐立刻自荐，的确，别说这一间办公室，就算是放眼整个楼层，恐怕也找不到比S姐还能说的了。

自己刚刚提出想拜师，就招来了S姐助阵，小Y也立刻有了自信。

S姐的传奇在公司里很多，她有两大特点，一是嗓门大，二是特别能说。有她的场合，绝对不愁冷场，她一个人就足以撑起一整片天空。

有一次，文子起身去卫生间，刚走到走廊里，就听见了S姐爽朗的笑声，接着就是十分高的嗓音。卫生间在走廊尽头，只有两个隔间，文子停下了脚步，心想："S姐应该是跟谁在卫生间热聊起来了，看来我应该到楼上去。"

走上三楼，推开卫生间的门，文子愣住了。她赫然看见了正洗手的S姐和另一位同事，接着马上反应过来，捂着肚子笑得趴在一边，S姐的嗓门已经达到穿透楼层的程度。

还有一次，周末时大家聚在一起玩狼人杀，无论是拿到狼人牌、神职牌还是平民牌，S姐都会滔滔不绝，搞得所有人的思路都被她搅乱，后来大家送了她一个外号——"搅局娘子"。那一天晚上回家，好多人在梦里都见到了S姐，再听了一回她的魔音灌耳。

S姐教给小Y的说话大法，其实不存在什么武功秘诀。小Y后来自己做了归纳和总结，其实就是：情绪饱满，随时开口，滔滔不绝。比如S姐告诉小Y，不要说休闲时间，就连主管部门找她谈话，她也能反客为主，让对方渐渐忘记找她谈话的主题和目的，而不知不觉卷入自己的谈话里。

说这话的时候，S姐的脸上挂着明晃晃的得意。小Y完全相信，她没有夸大其词。

S姐的主要武器，就是自信。其实滔滔不绝并不是一件十分困难的事情，想要一直说话，那就说好了，只是大多数人所顾忌的，是不愿意让自己的发言占据别人大量的时间，如果不是确信自己的发言十分有价值或者足够有趣，总会感觉对别人来说是一种侵占。

S姐从来不会思考这个问题，她天生就关不住自己的闸门。

她说："做人干吗那么辛苦？想那么多没必要。没有人抱着听讲座的心态听你说话，不必思虑过多。人群当中，有人天生爱表达，那么他就会占据上风，在众人之间不被埋没；有人天生喜欢沉默，那就默默无闻，淹没在别人的声浪中。"

S姐认为，如果凡事都想那么多，再像挤牙膏一样挤出来。说话的乐趣何在？活着多憋屈！

小Y试着按照S姐的模式做了一段时间，确实有点效果，敢在人群当中滔滔不绝，有时候也获得了更多关注。更重要的是，有她在的地方，她会有意识地尽量避免冷场这件事。她觉得，这样的角色之下，还是有一些意义的。

在工作过程中，需要自己发言的时候，她不再简明扼要，匆匆结束，而是尽可能地详细，直到领导发出“停止”的信号。与领导沟通的时候，她也尽量多说话，对很多事情详尽说出自己的看法。

这个过程中，因为不同于S姐的“天性如此”，所以她感受到过一些吃力，但通过坚持，也能够完成。

成为第二个S姐，这是她拜师的目的。虽然这是一件不可能也没必要的事情，但是小Y还是满意自己的变化。

文子遇到小Y的时候，小Y没有多想，只是兴奋地拉着她的胳膊，两个人去了一家四川火锅店。火锅店里人声鼎沸，于是小Y扯着嗓子与文子热聊。从最近看的综艺节目，到单位里最近的工作进展，一边吃，小Y一边滔滔不绝。

文子没太说话，只是看着小Y笑。吃完饭，买完单，两个人走在街头，文子才开口：“小Y，你像别人一样去说话，累不累？”小Y愣了愣，清了清自己有些沙哑的喉咙：“这店里太吵了，喊得我真有些累。”说完，发出一阵S姐般爽朗的笑声。

文子摇摇头：“我指的不是今天。说话是在表达你自己，你想要学习说话，一定是因为之前有想做到的事，想要通过更改说话方式来完成。你的想法实现了吗？”

小Y愣了愣，她明白文子所说的意思。

她觉得自己的个性不够突出，很多观点和态度没有表现出来，所以想要将它们更多地展现出来；她觉得自己在领导面前可以更放松，将一些想法展开来谈一谈；她希望与客户的沟通更加恰如其分，让人感觉得体，并且沟通详尽，不留遗憾，不留盲区。

而她拜S姐为师，真的达成了这些目的吗？

“明白了吗，亲爱的？说话不能看广告，要看疗效啊。要知道，大家听广告都是被动放空的状态，你一定不希望自己说出的话，只是某个场景里的背景音吧？”文子眨了眨眼，向小Y挥了挥手，转身挤上了公交车。

那天晚上，小Y翻来覆去想了很久，想清楚了自己用力过猛造成的偏差。她像S姐一样去说话，可她天生不是S姐那样大刺刺的性格，这其中，有一种人格的扭曲，就像是把自己装在了一个容器里。

说话，当然不是说出来那么简单。她忘记思考的，是话说出去之后，所达到的效果。同事们会把她当作第二个S姐，她失去了自我；领导会觉得她的发言冗长，没有重点，反而失去了过去的简明扼要；客户也会觉得她有些交浅言深，说了某些不该谈论的话题。

以结果为导向，真的可以看出问题所在。

后来，同事们渐渐发现小Y收起了S姐式的招式，有了自己的变化。她不再夸夸其谈，不再长篇大论，而是更加注意表达的清晰，偶尔还会冒出几句冷幽默。属于小Y自己独有的表达风格，渐渐浮出水面。

“S姐，你的徒弟现在不得了啊，比你这张裹脚布一样的嘴要高明。”同事们纷纷打趣。

“因材施教，因材施教。”S姐咧着嘴，哈哈傻乐。

说话这件事，比的不是谁的嗓门大，也不是谁说得多。归根结底，表达的终极目的是希望对方接收到自己的信息。如果任何一个人在说话的时候忘记了这一点，那就会适得其反。

每个人周围，都会有一个S姐一样的人，我们会喜欢她，是因为她爽朗、健谈，让人轻松。但这样说话的人，是天生造就的，她的表达也并不会传递足够的信息。

小Y的转弯来得很及时，否则，她会渐渐变成一个假的S姐，而失去真的自我。

每个人都有可能被误解

一个中年胖子，曾经就职于央视做主持人，忽然穿着各种奇装异服、割了眼袋，霸占了我们的屏幕。这个已经年纪不小的人，完成了一次完美的转型，也探索了与年轻人对话的新角度。

这个叫马东的人，已经开启了霸屏模式，我深深同意他说的："被误会是表达者的宿命，这是表达的常态。"

在《奇葩说》当中，有一个叫作艾力的人。夹杂在各种奇葩辩手中，他反倒成了一个特殊的存在。满口心灵鸡汤，挥舞双手呼喊正能量，开始时有些招黑，后来竟然也渐渐形成了自己的风格。每个奇葩辩手都曾经挤对过他，屏幕上，他做出中箭的姿势，脸上丝毫看不出一丝受伤，那已经是一种自信，带着坚实的底气。

王旭将艾力视为偶像。在众多奇葩当中，有聪明的，有逻辑严谨的，有感染力强的，有个性十足的。但是王旭觉得，在一群标新立异的人当中，有勇气做个俗气的人也是一种勇气，也是值得尊重的选择。

王旭从小到大遇见过很多重名的同学，他慨叹，自己竟然连姓名都这么平庸，人海中一捞一大把。回去问父亲母亲，他们却说这个名字很棒，当年老夫妻两个相约分别起名字，拿到一起的时候竟然都起了同样的“旭”字。

王旭叹了口气：“你们倒是心有灵犀，只是没想到天下很多父母都和你们撞到了同样的灵感。”

上学的时候，大家都觉得王旭无趣，他不太会说一些有趣的话题，即使参与进来，也是默默旁听。有时候大家聊到兴起，还会偶尔听见他插上一句：“快回座位吧，老师马上就来了。”

初中时，他的好朋友爱上了摇滚乐，拉着他去听现场演唱，他硬着头皮在震耳欲聋的广场上站了一会儿，对朋友说：“他们为什么有话不能好好说，一定要说脏话？”

高中时，很多人都不喜欢做班干部，因为那意味着付出很多精力，老师把这个任务交给了王旭，他二话没说。每次开班会，他都觉得自己像是居委会大妈，说的都是团结向上，但是大家低垂着头，并不愿意听。

后来，他渐渐听到一些议论，说王旭这个人就是老师的狗腿子，王旭这个人满嘴大道理，很假。

有一阵子，他怀疑自己得了抑郁症，心情烦闷得快要炸掉。

上大学后，王旭学的专业是编导，隶属于传媒学院。也就是说，这所学校里有非常多的艺术生，男的帅，女的美，还有一点是：他们非常有个性。

这些孩子并没有什么坏心，但是仅仅半个学期不到，就气走了一位资深的老教授。老教授已经六十多岁，是返聘回来的，临走时举起了哆哆嗦嗦的手："我任教这么多年，没见过你们这样的学生，真是世风日下。"

因为这件事，学校开了好几次会议。作为班长，王旭也被叫去参加了会议，面对领导们的询问，王旭咬了咬唇，说出自己的看法：

"其实出现这样的事情，并不只是一方有错。站在学校的立场，或许一位资深教授的气愤，就足以说明一个班同学的顽劣，但是真的没有毫无缘由的事情。事实上，却是面对几个戴着耳机的同学，这位教授掀起了怒火，使用了极端的语言：'我干了一辈子大学老师，真是到了90后就惊掉了眼珠，你们看看自己的样子，有资格坐在这个教室里吗？我真为这个国家的未来感到担忧。’充满怒气的同学们接受不了教授的说法，于是愤而顶嘴，最后才造成了这样的局面。”

王旭搓了搓自己的双手，咽了口唾沫：“当然，我还是要承认，发生这样的事，责任主要怪我们，但也请领导们不要把我们看成无可救药的怪物。”

在场的教师和领导们互相望了望，有人点了点头，也有人低声咕囔：“谬论。”

回到班级，王旭看着一团沸腾的同学。作为他们当中的一员，他太清楚他们内心的想法以及他们此时的不屑：“老教授了不起吗？说出那样的话也不足以让我们尊敬。”

王旭想了一会儿，再次清了清喉咙：“我知道大家都没有恶意，只是被老师的那句话激怒了。我们血气方刚，不愿受委屈。但是，其实换个角度想想，老师教了几十年课，他对学生已经有了一种自己的印象，而坦诚地说，我们也要承认我们不像70后、80后那样有集体意识和愿意崇拜权威。所以大家都消消气，我们平和地面对这件事，也向校方道个歉。”

话语落下，他看见有几个男同学的嘴角浮出一丝讥讽，但是也没人再多说什么。

三天后，学生向校方道了歉，也向那位老教授道了歉，而学校另外安排了一位较为年轻的教授来任课，事情也就此告了一个段落。

大学毕业后，王旭就职于电视台做了编导，经常看见有人在摄影机前侃侃而谈，他们有一些是大明星，有一些是网络红人，也有一些是时下热门的草根。摄像机会给他们带去不一样的东西，粉丝的流量，也有诋毁和谩骂。

在这样的行业洗礼中，王旭渐渐明白，其实正如马东说的那样：表达者的宿命就是被误解。

每年暑假经常会有同学聚会，有高中同学晃着酒杯对王旭说："当时年纪小，觉得你说话怎么那么假，但是日久见人心，你的人品和言行始终一致，你就是这样无趣的人啊，但是我们都很敬佩你，说你是三观最正的家伙。"也有大学同学对王旭坦言："时过境迁，其实当时年少轻狂，你的做法反而要比我们成熟很多，也很得体。"

王旭知道，他说出的很多话，总有人赞同，有人鄙视。曾经他很在意这些，但如今仔细想想，也并不重要。

打开视频网站，看到了一期谈话节目。马东和郭德纲坐在一起，提及一件陈年旧事，相声圈中流传一种说法，马季先生与侯宝林先生闹矛盾，他动手打过侯先生。圈里圈外，大家都听过这件事，但是难辨真假。

郭德纲为马东证明，说侯先生亲口所说，没有发生过这件事。马东微微一笑，表示已经不想澄清什么了，往事就随它去吧，这世上总有一些人，他们会相信自己愿意相信的，而不是相信事实。

语言这种东西，一开口就不再是属于你私人所有。它要进入不同人的解码程序中，得到不同的答案，也起到不同的作用。即使产生了误解，也不是我们拒绝交流、憎恶表达的理由。

如果被误解就是表达者的宿命，我们的确没什么可抱怨的，只能努力让自己的表达能力更好一些。

你表现出来的铠甲，很可能是自卑生出来的

自从谈了办公室恋情，小E的状态有一些压抑和阴郁，她身边的朋友都发现了这一点。

半年前，小E含羞地告诉大家自己恋爱的消息，那时候她的脸蛋因为害羞而红扑扑的，眼神里带着蜜糖的滋味。

“他是做什么的？快说说！”闺密们已经按捺不住那颗八卦的心。

“和我不在一个部门，但是我们经常会有合作。他是名牌大学毕业的学霸，很厉害的，很多人都很崇拜他，但也有点怕他。”

“哈哈，原来是霸道总裁啊！”大家打趣着。

小E是个乖乖女，在此之前只谈过一段恋爱。确切地说，那只能算作暧昧。高中时候的飞鸽传书，也曾约在一起骑着自行车回家，纯粹至极。

如今认识了陈庆，小E仿佛成了世界上最幸福的人，脸上有掩不住的快乐。可惜，爱有多销魂，就有多伤人。小E的幸福仿佛并没有持续多久，就开始陷入颓废的状态。

或许这世上就是有一些恋人，拉扯着相爱相杀。不过看着小E痛苦的样子，朋友们都很于心不忍。

在大家的逼问下，小E倒出了心中的苦水。

爱上陈庆的时候，小E觉得他是她见过最酷的男人。冷峻的面部线条，深邃的眼睛，仿佛要将她拖曳进去，锁定一生一世。

他不爱笑，在工作团队中很强势。一些人不习惯，但是因为他实在很优秀，所以也只能膜拜。小E就是他的脑残粉，所以在接到陈庆E-mail的那一天，她失眠到天亮。

两个人确立了关系，但是没有告知公司里的任何一个人。在工作环境中遇到，陈庆不会多看她一眼，仿佛他们是陌生人。

小E觉得公司里既然没有禁爱令，其实没有必要这样，但是看到陈庆坚持的样子，也默默接受了。

在一起的时间越来越久，小E才切身感受到了陈庆的那种压死人的强势。这个男人仿佛随时处于备战状态，很少全然放松，就连在爱人面前也少有柔软。

有一次，小E因为肠痉挛而满脸苍白，她强咬着牙坚持了一会儿，但是实在忍受不住。她走进陈庆的办公室，对他说可不可以送她去医院，但是陈庆的反应十分冰冷："你忘记我们的约定了吗？请立刻出去，我晚上下班去看你。"

有一次，两个人谈论起结婚的话题。陈庆立刻露出烦躁的表情，点燃一支烟："我不会轻易做出这个决定，除非我确定可以掌控未来。"

小E还发现，在公司，陈庆独来独往，在私下里，他也几乎没什么朋友。她有时觉得他可怜，有时觉得他可恨，心里备受煎熬。

她曾经认为陈庆是一个无比强大的男人，强大到可以保护她一生，可是不知道为什么，相处得越久，却发现他是最不可依靠的。

这个不给她任何承诺的男人，真的凉透了她的心。

爱与不爱之间，只是一线之隔。

和很多情侣一样，他们闹过几次分手，但是又挣扎着复合。最后这一次，小E下定了决心，拉黑了他的电话、微信和邮箱。

小E在办公桌上看到了陈庆的字条，她很意外。

一直以来，陈庆不愿意释放出任何一点信号，让同事可以瞥见两个人曾经千丝万缕的信号。这一次这样做，已经是他的心理极限。

按照纸条上的约定，小E来到了一家餐厅。因为上面写明："吃完这一顿饭，我绝不会再打扰你。"

坐在那家装潢漂亮的餐厅里，小E回想，他们好像从来没有约会在如此浪漫的地方。那一天，陈庆破天荒地点了红酒，并喝得面色微红。这是从前的他绝对不会做的事情。他不愿在任何人面前放下防备，酒精可以抽离人的理智，这太可怕了。

微醺的陈庆滔滔不绝，小E觉得，那天晚上他说的话，比他们在一起的半年多加起来还多。

陈庆出生在安徽的一个乡村，父母是农民，但是有一个叔叔是大学生，在镇子里做老师。他是一个被偷走了童年的孩子，从他五岁那年去拜访叔叔的那次开始，就暗暗下了决心，要走出这片山沟沟，追求他所见到的另一种生活。

求学十几年，在教育资源完全不占优势的情况下，他硬是学成了那个城市里的高考状元。大学四年，他半工半学，将自己的贷款全部还清。

"你知道吗？我的心里有一根弦，从五岁那年就绷紧了，它再也没有放松过。我不敢放松，因为一松，梦就破灭了。"

进入了职场，人人只知道他是一个优秀的名校毕业生，是职场精英，而没有人知道他的过去。可是躲不掉的，他的过去像是负累，沉重地积压在他的心里。

“其实喜欢你，就是喜欢那一份轻松，在你眼里好像世界没有黑暗，一切都是轻盈的。可是对不起，我的铠甲，还是伤到了你。”

小E分明看到，对面的陈庆眼眶湿润。

离开餐厅，小E为陈庆找了代驾，她一个人迎着晚风，在路边缓慢行走。

陈庆发来信息：“对不起，请原谅我，我在你面前的任何倔强与强硬，其实都来自我的自卑。再见，祝你幸福。”

小E深深吸了一口气，仰起头，向着星空缓缓呼出。那热气扑回她的脸上，带着微温。

“珍重，我的同事陈庆先生。”

按下发送键，小E知道，这一次他们真的结束了。听了这么多的心里话，她已经不再有一丝怨恨，一丝委屈，每个人都要在爱里不断成长，直到成为足够好的自己，遇见那个足够好的人。

第三章

你说出的话，已经是个人品牌的一部分

真心话为何总是鲠在喉咙里

人生没有完美，我们做人、做事都可能有缺憾，很多你认为对的事，或许在别人的眼里就是错的。于是，你时而会听到别人对你所表示出的不满情绪，而你，有时候也会向他人提出批评。

你说，这是真心话，说出来是为了对对方言行负责。可真心话却不是许多人欣赏和喜欢的。对于真心话，如果你做不到违心地包装一番再说出口，那么，就在必要的时候，可以让真心话鲠在喉咙里。

其实，批评的话和不受听的话，也不是不能说，只是在说出口之前，需要在脑海中深度走一遭，然后途经喉咙处时，拼力翻炒一下，不想“加料”的话，清淡出锅也没有坏处。这就是经过加工后的真心话也可以鼓励、促进人的进步，而没有经过加工的真心话可能令人一蹶不振的缘由。

所谓的“加工”“加料”，无外乎就是真心话说出口的方式不同，因此，无论我们批评别人的出发点多么善意和正能量，都要注意说出口的方式。我们批评别人的目的，就是希望这些发自肺腑的真心话，能够像医生开出的良药，不求包治百病，但求药到病除。所以一定要掌握说真心话的艺术。

当一个人意识到别人做错了，想要行使真心话权利的时候，一定要弄清事情的缘由和真相之后，再批评他人，切忌空穴来风。

Z小姐刚来公司任职不久，因为学历高、能力也不错而得到公司领导们的赏识，因此也比别人多了一些晋升的机会。当然，她为此所付出的辛劳也被大家看在眼里，记在心上。人一旦耀眼起来，也总会莫名地遭到别人的白眼，你可能还不知道对方为什么看你不顺眼，就已经躺着中枪了。

Z小姐很不幸地遭到了同事们的排挤。部门里几个年龄相仿的年轻人，看到Z小姐虽然入职比他们晚，可工资、福利、待遇，以及领导交与其的工作都比他们好，眼里充斥着不满和不屑。一次大型活动中，几个小伙伴商量好了给Z小姐点“颜色”看看，故意在互动环节弄出点小插曲，虽然不至于影响整个活动的效果，但有效性确实大打折扣了。当领导问及责任人的时候，大家异口同声地将矛头指向了Z小姐。

Z小姐被部门领导陈先生叫到了办公室。陈先生是一位十分严格的人，他不由分说地批评起来，他无法容忍这个明明很有潜力的年轻人，却居高自傲。他心里暗想，看来一定要让这个人尝一尝挫败感。Z小姐百口莫辩，或者说领导劈头盖脸的责骂，没有给她丝毫解释的机会。

或许是觉得太冤枉了，或许Z小姐觉得这样不分是非黑白的领导实在无心伺候，Z小姐直接向公司人事部门递交了辞呈，凭借自己优秀的职业经历，很快入职一家更为优秀的上市企业。

公司的领导知道事情缘由后，找到了Z小姐的部门经理，并告诉他，由于自己没有弄清真相就戴着有色眼镜批评别人，让公司损失了一位优秀的人才。

其实，作为一个领导，一定要做好面对流言蜚语的准备。如果未能核实言论的真实性，听了且信了，即使对方没有过错，还是狠狠地不留情面批评了人家，甚至以领导者的姿态，恨不得搬出五车“学富”去给他讲大道理。

所有人都相信，这个人的出发点是好的，但行为确实不成熟，也是不可行的。或许就是因为一番大道理和不分对错的批评，会让下属认为这个人缺乏智慧，甚至在帮着恶意的同事一起“故意整人”。问题严重到影响上下级和睦相处，甚至影响到日常工作的顺利开展。所以，当你在行使说真心话的权利时，请先弄清楚事情的真相，莫要捕风捉影、颠倒是非才好。

当弄清了问题的真相，确实需要对别人进行批评的时候，不妨在这番真心话中加点料，让它变得更幽默诙谐，从而让对方更易接受批评，积极改正。

记得音乐理论学家钱仁康曾说过："凡有幽默的素养者，都是聪敏颖悟的。他们会用幽默手腕解决一切困难问题，把每一种事态都安排得从容不迫，恰到好处。"

钱仁康先生提到的"一切困难"，其中就包括如何将批评的话说得更有艺术。批评不见得必须严肃、刻板地说出口，若是稍为幽默些，说出来的真心话或许更易被接受和行之有效地去改变。

还记得高考的那一天，结束了第一天上午的考试之后，我和同行的小伙伴一起找了家比较安静的餐馆，一边养精蓄锐准备下午的考试，一边品味精致的午餐，犒赏一下自己"茁壮成长"的身体。还别说，这家小店的饭菜味道都不错，环境别致，用餐的顾客也都很优雅地用餐。

这时，小伙伴一声清脆的咯吱划破了餐厅的上空，大家都不约而同地看着她将嘴里的饭吐在餐巾纸上。服务生见到后快步走了过来，十分抱歉地说："对不起，这是沙子吧！"

“不，这里面也有饭粒。”

小伙伴幽默的回答，瞬间化解了餐厅里尴尬的气氛，我不得不佩服她批评别人时的那份幽默细胞，好像一切尴尬的境况她都能够处理得当，最后皆大欢喜似的。这就是幽默式批评的用武之地——让有责任心的对方，十分有面子地接受你的批评，并即时改正。

我读中学的时候，班里有一个特别淘气的男生周航，他不仅对同学们出口成“脏”，而且对每一个任课教师都极为不尊重。班里的同学都是能有多远躲多远，老师们也经常批评他，但周航反而变本加厉地各种“作”。

一天的品德课上，老师讲了《自尊自爱》，借着课程的内容，老师叫周航站起来回答问题。老师问：“周航，你认为自己是个自尊的人吗？”

周航像被触及了心弦一样，破天荒地思索了一番后回答：“我不是一个自尊的人，因为没有做到上课认真听讲，没有做到帮助老师、关心同学……”老师认真地听周航说完，斩钉截铁地说道：“不，周航，你是一个自尊的人，因为你知道自己错在哪里，老师和同学们也相信，你已经认识到了错误，有着一颗知耻之心，以后的学习生活中，只要你改掉坏习惯，你将成长为一个更加自尊的人。”

这个时候，同学们恰到好处的一阵热烈掌声，不由分说地抚慰了周航同学那颗自尊心。在这之后的时间里，我所看到的周航，真的在努力进步和改变着。我由衷地佩服我的品德老师，她将批评化作赞美，直接升级了批评的效用。

其实，无论是批评者还是被批评的当事人，在批评的氛围中，或多或少都有些不自在和尴尬。批评的目的就是要改正缺点和不足，而不是将犯了错的人说得一无是处。

所以，批评的话说出来，要以不伤害对方的内心和自尊为前提，要让人听得舒服，心里坦荡明亮。如此，赞美和鼓励更能激发有错之人的潜能和奋斗，让其有更好的表现，这不正是批评的最优效果吗？

实在不懂得如何拒绝，不妨试试自嘲

第四十六届台湾电影金马奖的颁奖晚会上，历史以来首次诞生了两位影帝——张家辉和黄渤。据说，之前投票环节时，第一次张家辉七票，黄渤八票；第二次张家辉八票，黄渤七票；第三次张家辉八票，黄渤七票……真不知道，如果再继续这样投票下去，最后会不会诞生出无限循环。还好，一位评委站出来说："为什么不能是两位影帝呢？"这一提议得到众人的认同，于是，就诞生了首次金马奖双影帝。

不过，那次颁奖典礼上，最经典的不是双影帝，而是黄渤别具一格的获奖感言：

"其实，以前我也参加过很多奖项的角逐，这是第一次得奖，谢谢评审给我机会。这部戏是我拍过最难的戏，也是最苦的戏，但是真得很感谢导演给我这个机会，也感谢幕后团队。"

凭借《斗牛》，黄渤摘得"华语电影三大奖"之一的"台湾电影金马奖”。一直以来，黄渤都算得上实力派的男演员。走演员这条路，对黄渤来说很艰辛，也确实很苦。摸爬滚打的坎坷经历，受到了太多人的冷嘲热讽。那是一般人都难以招架得住的，要么淡然一笑而置之，要么灰头土脸转身走。

不知道是不是经历得多了，或许本身骨子里就透着不服输的倔强。每一次面对别人嘲笑的时候，黄渤自己都会再来一次更为绝佳的自嘲，让对方甚至都有些于心不忍。你看，本来是想嘲笑黄渤的，没想到最后还是人家黄渤占了上风，这才是智慧之人。

就像在颁奖典礼上，黄渤在捧着影帝奖杯的时候自嘲的那段对白，无数人听着的时候当成了笑话，而听过了之后却再也无心否认黄渤的一切了。

“记得我刚考上北京电影学院的时候，有的同学就说：‘黄渤也考上电影学院了，现在的招生标准也太低了吧！’后来跟我们帅哥美女同学们一起去试镜，导演与帅哥美女们交流了很久后走过来跟我说：‘哎，你是他们的经纪人吧？’家里还有位长辈知道我要去演戏了，跟我说：‘女怕嫁错郎，男怕选错行啊！’”听到这里，台下观众的笑声已经开始向着震耳欲聋的方向发展开来。

黄渤顿了顿，拿起手里的奖杯，欣然地继续说道：“看来，我选对了。”

此时，场内掌声一片。仿佛之前受过的苦，遭到的白眼，都被这一声爽朗的笑，随着黄渤的自我调侃一语带过了。听不懂的人，认为黄渤是一流的段子手；听懂了的人则不得不感叹，黄渤不易，他在用生活去演戏！

比起其他演员在领奖台上一连串的感谢，或者激动得热泪盈眶，好半天说不出几个字来，黄渤的获奖感言相当真实，也很特别，仿佛他被说笑的那一刻就赫然呈现在大屏幕上，辗转多年，昔日名不见经传的小演员成了如今的影帝。黄渤用实际行动证明了，当初并不看好他的人眼神都不好。

不可否认，从颜值上看，黄渤与其他的演员相比确实不占优势，在观众的眼里，也不怎么像主角，更不像影帝。所以，黄渤总会在时机恰当的时候来一段与时俱进的自嘲，充满智慧地将这一“缺点”瞬间膨胀成优势，成为观众心中诙谐、幽默的闪光点。

事实证明，很多人都体会过，来自幽默的魅力是无止境的，那种“取乐于物”的感受往往可以给单调的生活带来更多的轻松和愉快，特别是有智慧性的自嘲，俨然成为一个人性格乐观的标志。有科学家研究表明，自嘲可以改善人的心情，在个人承受力培养层面上，来自自嘲的幽默氛围，恰恰是一个潜在的影响因素。

在北京大学首个校友等额配比基金（校友等额配比基金，即北大校友给北大的任何一笔捐赠，都将获得“北大叶氏校友等额配比基金”提供的一份相同数额的配比。通过北大校友的共同参与，将最终为北大筹集一千万元人民币的捐款）设立仪式上，主持人在介绍与会嘉宾时，不小心将“新东方校长俞敏洪”说成了“北京大学校长俞敏洪”，主持人的口误引起台下哄笑一片，直到北大新任校长周其凤（原北京大学副教务长，后任吉林大学校长，现任北京大学校长）上台讲话，开场白就来了一段自嘲调节现场气氛：“我现在就在时时提醒自己，千万别一开口自我介绍就说成吉林大学校长，我刚去吉林大学时，就总说自己是北京大学的，说错了也意识不到，还特别希望别人鼓掌，结果他们都哈哈大笑。”

这是周其凤就任北大校长以来，首次与师生见面。不小心被主持人口误造成尴尬的气氛，没想到被周其凤的一番自嘲，赢得台下师生热烈掌声的同时，赢回了自信与尊重。很多时候，自嘲能够智慧地化解现实中的尴尬，以一种幽默的姿态出现在各种各样的说话方式之中。无论是紧张的、难堪的、不知所以的，抑或是没有任何优势的情况下，幽默诙谐的自嘲，总能够巧妙地扭转局面、调节气氛、化解尴尬。

只不过，所谓的说话技巧一定要选择恰当的时机，正如

“好钢要用在刀刃上”才能事半功倍，否则就是“赔了夫人又折兵”了。自嘲也是一样的，任何取笑自己的行径，都需要有良好的心理素质作为基础。

赞美会产生叠加效应

同事的女儿小V，学习成绩始终徘徊在及格的边缘。她才读小学，对于这个成绩，同事很是担忧。就在大家都努力献计献策、帮着同事想办法提高小V成绩的时候，小V的成绩居然突飞猛进地冲进了九十分以上。大家很好奇，是什么办法让一个学习成绩不好的学生，在如此快的时间里实现质一般的飞跃？同事卖了个关子，给我们讲起了故事：

小V总是背不下来字数并不是很多的课文。一天课堂上，老师让小V站起来朗读课文，她读得并不流利，老师还是赞美地对小V说："小V真棒，已经可以朗读全文了，稍做努力，你一定会读得更加流利的。"

得到了老师的鼓励，课间休息的时候，别的同学都去操场上玩了，小V一个人静静地坐在位子上认真地朗读着课文。到了自习课上，小V主动"请缨"朗读课文。这一次，小V十分有感情地朗读了全文，老师激动地说："小V真棒，这么短的时间就把课文读得这么流利。”

第二天的语文课上，小V流利地背诵下了这篇课文，老师激动地说：“小V真棒，在老师的心里，你一直是个聪明的孩子，只要稍加努力，就会有很大的进步。”

小V开心地笑了，原来，在老师的眼里，自己并不是个成绩差的坏学生。期末考试的时候，小V每一科的成绩都考到了九十分以上。

同事的故事讲完了，我们这些听故事的人也开始认真地思考起来。赞美，真的是一个可以扭转格局的策略，它不仅适用于少不更事的孩子，成年人的人生观中，赞美和肯定，也同样可实现事半功倍之效，甚至可以创造奇迹。

赞美不是阿谀奉承，不是浮夸，是源于内心对美的表达。一切出发从真诚开始，真心地去表达你的情感，对方身上有的，你去赞美，恰到好处地让对方知道，原来我可以如此优秀。甚至可以变得卓越，因为每一个人心里住着一个沉睡的巨人，只是没有得到充分的唤醒。唤醒，首先来自你对自己的赞美，其次来自他人的赞美给你带来的鼓励和打气。

“后妈”这个词语在很多人的概念中，大概都是贬义词。很长时间里，我也是这么认为的，直到我认识了同事的第二任妻子——小梅。

小梅是一个出生于农村的姑娘，没有接受过多少正规的教育，但她为人亲和善良，特别是对丈夫和他前妻所生的孩子视如己出，彻底颠覆了我对“后妈”这个词的理解。

同事的儿子皮皮，由于从小就生活在充满争吵和无爱的家庭，性格上比其他的孩子偏执，叛逆期也跟着提前走进了他的少年时期。小梅第一次进家门，也是第一次与皮皮见面的时候，同事在向她介绍儿子的时候说：“他是一个特别调皮捣蛋的小孩儿，你不用试图去讨好他，更不用对他多么用心，因为他根本不会领情，甚至会变本加厉地欺负你。”

同事这样说，无外乎就是给小梅来一剂预防针，希望他们二人即使做不到和睦相处，至少可以做到相安无事。

出乎同事和皮皮意料的是，小梅反驳同事说：“你错了，他不是调皮捣蛋，他是一个最聪明、最富有创造力的孩子，只不过，他还没有找到正确释放热情的方式，不过，这一点，我好像知道怎么做。”

小梅的话说得皮皮心里暖暖的，对于一个从未感受过家庭温暖，甚至连妈妈的样子都记忆模糊的孩子来说，小梅真诚的赞美之言，感染了皮皮幼小的心灵。

一句简单的开场白，从此拉近了后妈和继子之间的距离，皮皮喜欢小梅的鼓励方式，他不能辜负小梅的期望。来自小梅的力量，激发了皮皮内心深处从未被开启和触及的创造力，帮助他与无穷的智慧搭建纽带，开始了一个小天才的逆袭成长。

后来听同事说，皮皮的作文和绘画作品，多次获得国家级大奖，小小年纪就开始代表祖国远赴西方发达国度去参加竞赛。我相信，在皮皮的心里，他最感激的就是小梅，他也永远不会忘记初次见面的开场白，因为那是他一生奋斗的动力。

大学的时候，中文系有个学姐，总是戴着一副口罩出现在公众场合，一双眼睛炯炯有神，特别好看，也吸引了很多学弟学妹，大家都希望有机会目睹这双明媚眸子的庐山真面目。直到有一天，北方特有的刺骨寒风，不小心吹掉了学姐的口罩，我看到了一侧精致的小脸，断定这就是书中所说的颜如玉。此时，她弯腰拾起掉在落叶中的口罩时，我窥探到了她另一侧面孔上，赫然躺着一颗“丑人大痣”。

终于明白了，为什么那么好看的一双眼睛，却总是要蒙着面示人。我开始为她感到不安，以后走入社会，她还会继续这样犹遮半面吗？

我总会在图书馆见到学姐，或许是避免与更多的人面对面交流，她特别喜欢泡在图书馆里读书，仿佛只有徜徉在书海中，才能摒弃一切异样的冷漠。

有一天，我们同时出现在图书馆，一个外教走到学姐的面前，由衷地赞美道：“天哪，简直不可思议，你有一双如此炯炯有神的眸子，一定智慧非凡、才气过人，未来，也一定会出人头地、富甲一方，而你脸上的那颗痣，一定就是你卓尔不凡的脱俗标志。”

当时的我，还不能推测出外教的话语间意义何在，但好像就是从外教的一番赞美之后，学姐和她所处的环境都开始发生变化了。室友对她不再刁钻刻薄，周围人的眼光也收起了鄙夷和嘲笑，换上了羡慕的目光。

很多年之后，我听到有关学姐的一些事迹：

大学毕业后，她回到生养她的小县城，用自己学到的知识，帮助面朝黄土背朝天的父母和亲友，用最短的时间创新了最有效的种植和养殖技能。几年之内，全村的人在学姐的带领下都实现了脱贫致富。之后的几年，邻近的村落、县城的所有村落，乃至全国的第一产业，都在她的创新之下，实现了智慧农业的迭代式迅速发展。

当初那个连名字都不清楚的外教的一席话，使本该平庸的女孩脱胎换骨，创造了人生的辉煌。人，本身就是一座难以估量的蕴藏着财富的矿山，如何最快捷、最充分地开掘它，有时并不需要挖掘机和炸药，而只需要前辈或朋友的一句真诚的赞语！

把你帮助别人的事忘记

日常生活中，我们总能遇到这样一些人，他们喜欢卖弄自己的学问，喜欢向别人炫耀自己，话匣子一旦打开就滔滔不绝，甚至不管交流的对方愿不愿意听，他都逮着个人说个没完没了。而且，你一定不能有求于他，否则，他跟你描述事情会添油加醋，好不夸张，目的就是让你知道，他帮了你，而且费了九牛二虎之力。

殊不知，越是这样高高在上地卖弄炫耀，目空一切地唯我独大，就越会让他人产生反感，最终将失去与他人交流的机会。连说话的机会都不再给你了，你留着那么多炫耀自己的辞藻还有何用?

又是一年毕业季，公司新入职了一批大学生，项目部从众多入职的大学生中选了两个男孩加入，小D和小W就这样成为项目部的两员得力干将。

小D是热情洋溢的大男孩，骨子里透出一份坚强和谦逊的气概。他深知，自己刚刚走出大学校门，对于社会而言，他就是一个初出茅庐的晚辈，怀揣着一颗多学多看的心，认真地开启自己的工作模式。

因为刚刚入职，领导给他们安排的工作都比较基础，即便这样，小D还是时常向老员工请教：“您好，打扰一下，这里有一个问题我把握不准，您能帮我看一下吗？”“真是太不好意思了，又来麻烦您，还有一个问题我没弄明白，您给我说说呗！”老同事帮助小D解答问题之后，他总不忘带着微笑说一句：“谢谢！”

别的同事有事请求帮忙的时候，小D从来都不含糊，只要不耽误自己手里紧要的工作，他都会第一时间帮着同事去做力所能及的事情，而且，从来都不以此邀功，仿佛在这个大男孩的价值观里，帮助别人是自己分内工作的一部分一样。时间长了，公司上下，每一个人都很欣赏、喜欢小D。

跟着小D一起入职的小W正好相反，他可是一只十足的高傲孔雀。他认为，自己毕业于高等学府，是一名优秀的硕士研究生，学历比部门其他老同事都高很多，学识上也不比他们差。加之工作的关系，他需要经常同老同事沟通与交流，也由此说出了很多傲慢、带有偏见的话。

一次，同事李哥来到小W的办公桌前说：“老弟啊，你给哥看看，这个问题是咋回事？哥没研究出来。”当着李哥的面，小W很有兴致地帮着他把问题解决了，但李哥前脚一走，小W那副不屑的表情就在脸上荡漾开来，在李哥背后，他总会当着别的同事傲慢地评价李哥：“还老员工呢，不照样啥也不是，一个小小的问题都整不明白，怪不得混了这么多年，始终都是一个名不见经传的小角色。这世道，没学历、没知识，真不行！”

在张哥的面前，小W是这样评价李哥的，在王哥面前，他还是这样评价张哥的……久而久之，整个办公室的人，没有被他瞧得上眼的。世界是公平的，你看不上别人，别人可能也同样看不上你；你对别人谦逊有礼，别人也会同样礼貌待你。

在我们身边，那些你认为事业有成的成功人士，实际上他们呈现在世人面前的形象，永远都是彬彬有礼、谦逊和蔼的。反而是那些碌碌无为之人更喜欢炫耀和吹嘘，用不切实际的言语包装自己的弱点。一旦有谁请他帮了个小忙，他甚至不惜动用全身的力量，让整个世界都知道他如此能干，无人能及。

或许他们并不知道，当一个聪明的人不断向别人炫耀自己的聪明时，他已经开始走下坡路了；当一个有能力给予别人帮助的人，逢人便炫耀自己助人为乐的本钱时，他那仅有的一点助人的本能也渐渐消失。

骄傲和自满，会让人失去本能的判断，听不进去别人的忠告与谏言。这种炫耀的姿态，还会让他失去更多的朋友，也失去了帮助别人的机会。

助人，是一件快乐的事，快乐的事，也可以同他人分享，但，请你在分享的时候，一定要收起炫耀自我的那个成分，如果担心做不到，或者做不好，那就不如忘记吧，忘记你曾经帮助过别人，你还是那个最初的自己。

每一个人，都曾经帮助过别人，或被别人帮助过；每一个人也都从内而外地希望，能够凭己之力帮助更多的人。试想一下，倘若你总是把“帮助过谁”这件事挂在嘴边，是不是给被帮助的那位朋友一种意识——他需要感激你，一辈子感激；在你面前甚至不能抬头说话，因为你是他的恩人。那么实际上，你给予对方的帮助，可能就是一个小忙。我们中华民族的美德之一，确实有“滴水之恩当涌泉相报”，可这是从被帮助者的角度为出发点的。

俗话说：“帮助别人要忘掉，别人帮己要记牢。”

一个人能够为他人提供帮助，说明这个人有过人之处，并且受到他人的信赖，大家愿意将自己完成不了的困难，交给他帮忙。我想，这个能够帮助大家的人，其内心也是十分欣喜的，至少别人对你的肯定，你该由衷感激。

可如果你始终把“帮助过别人”的事挂在嘴上，心里装着的就不再是这些乐于助人的善举了。人的行为，大多是意识所左右，心都不再想的事，还能指望行为上有所眷顾吗？

越是不断强调一件已经发生过的事情，越表明当事人内心极度不自信，他总是担心，自己一刻没有去帮助别人，或者没有去做善事，那么之前所做的有意义的事情就成了泡影，不复存在了。这类人，更担心别人对自己的评价就此改变，所以强迫自己去做好事。而实际上，越是强迫，就越是反感，就像青春期的少男少女，顺着性子未必有效，但逆着来一定无效。

社交障碍的第一步，学会八种说话技巧

“说”是人类永恒的话题，能说会道的人更得人心，进而人际关系也跟着突飞猛进。好的人际关系为何如此重要？人际关系，直接影响着机遇是在你面前驻足，抑或擦边而过。机遇，又是通往成功的阶梯，如此，好口才俨然成功的敲门砖，亦是人生的铺路石。

但是，好口才并非与生俱来，会说话的人尚属少数人，掌握最基础的八种说话技巧，是成就好口才的黄金法则，也是走出社交障碍的第一步。

1.不说“但是”，说“而且”

同事请教你一件事，在描述事情的缘由时，他绘声绘色地说了很多。你出于礼貌，很认真地听完了每一个字，然后开始发表自己的言论：

“你的这个想法真不错，但是……”

原本，同事听你说前半句话的时候，心里已经有了小小的自信，可你一个“但是”，一下子将对方的信心摧毁得丝毫不剩。原本你是一个妙语连珠、才辩无双的人，好好的一句话都毁在了“但是”上，最终的结果一定不会太完美。

其实，你完全可以说出一个比较具体的带有希望赞赏性的建议。比如：“我认为你的建议很好，很全面，而且，在这一点上稍做改动，可能会更好！”

意思还是刚刚那句话的意思，只不过，将“但是”换成了“而且”，意义和结果却大不一样。相信聪明的你，一定知道“而且”这两个字，或影响一盘棋的胜负。

2.埋葬掉“老实说”

公司年度总结大会上，CEO将股东大会上一个比较棘手的问题拿到了台面上，希望大家献计献策。这时，项目二部的王经理发表了自己的意见。随后，你代表项目一部发言，你接着王经理的话说：“老实说，我觉得……”

你觉得，你很尊重王经理，并且特别认真地分析了他的见地。当然，你也可能非常有诚意，想避免引起误会，再强调一下自己的诚意。可是，诚意已经有了，为什么还要再强调一次呢？这其实特别没有必要。你的一句“老实说”，说者是无心的，但不保证听者无意，尤其对方的职位或级别比你高，你这样过分强调，反倒令对方误解：“这是对我的言论有多大的不满？”

如果你换一种说法，比如：“我觉得，我们应该……”首先，你没有表现出针对任何人或针对任何人的言论；其次，你只代表了你自己，你的言论是否准确都不会影响到部门和其他人。其实，我们平时说话、做事，能够真正代表的就是自己。

3.不说“首先”，说“已经”

工作进展了一段时间了，你汇总了进度和遇到的问题，准备向领导做出汇报，然后开门见山地和领导说：“首先，我必须将项目熟悉再熟悉……”

我们都知道，汉字的表述是非常严谨的，特别是关联词语，通常，前面有了“首先”，后面一定会跟着“其次”“再次”“最后”。你要知道，你所要表述的对象是你的领导，你要表述的内容是你这一段时期以来差不多所有的工作范畴。可“首先”一旦出现，你的领导会怎么想？

他会想，到目前为止，你还有很多工作没有完成，因为连第一个“首先”的工作内容你尚处于熟悉阶段。而实际上，你做的工作已经非常饱和了，毁就毁在“首先”上。

如果你用“已经”替换掉“首先”，那意义可就不一样了。“我已经将项目熟悉……”领导听了这样的对话，心里想的是：这名员工已经做好了这些和那些工作。他的意识里，你所汇报的都是已经完成的工作内容。

4.不说“错”，说“不对”

你的搭档小白和你一起去拜访客户，谈判的过程中，小白不小心将客户的资料掉在了地上，巧的是，正好掉在泥水中。小白不好意思地向客户道歉，你看到客户有些不高兴，准备上前劝慰。于是，你怒气冲冲地对同事小白说：“都是你的错，你必须承担全部责任，抓紧时间……”

其实，在你出现之前，客户已经开始原谅小白了。或者说，资料脏了，再重新打印一份就好，本不是什么大不了的事情。你或许也是好心，想要将责任揽在自己公司的身上，从而让客户觉得贵公司是有担当的可信企业。但你过于直白的话，很有可能伤害到了同事小白，也有可能让客户产生厌烦心理。

尽管你的目的是好的，希望调和矛盾，避免争执。既然这样，为什么不将你的言语说得更委婉一些呢？实事求是地说明你的理由就好。比如：“真不好意思，这件事上我们确实有不对的地方，我们会为此承担责任的。”

“错”和“不对”，某种表达意思上是相似的，但从接受程度而言，后者岂不更委婉，更令人易接受？

5.不说“几点左右”，说“几点整”

你正在给一位重要的供应商打电话，商量好事情后，你对供应商说：“今天先这样，这周星期五左右，我找时间再给你打电话，确定接下来的事情。”

或许你不想把时间说得精准的原因，是你还没有想好到底什么时候打电话最合适；或许，在你的心里，这位客户很重要，你不能将说不准的事情和对方确定。“几点左右”，你认为尊重了对方也没有否定自己，可供应商的心里可不是这么认为的。他会认为，这次谈话后，你并没有立刻拍板，认为你在工作上不是很认真，不是很可靠。

所以，我们在与他人商榷事宜的时候，不要承诺对方“几点左右”，而是要强调“几点整”。比如：“周四下午两点整，我给您打电话，我们再将接下来的事情确定一下。”

6.不说“务必……”，说“请您……”

为了赶这个项目的进度，你和你部门的其他同事已经连续加班至午夜有一周的时间了，团队中的每一个人，都身心疲惫至极，压力山大。你看到大家都很辛苦的样子，想给大家鼓励一番。于是，你不解风情地说：“你们务必再认真想想……”

“务必”，给人的感觉就是必须完成一件什么事情，如果未能按时按量完成，就会遭遇什么样的不好结果。在小伙伴们的精力都几近边缘的时候，你这样一说，岂不给大家更大的压力？甚至会让一些人产生逆反心理。

虽然工作是大家的，需要团队共同努力完成。你也是好心，想激励大家再坚持一下，曙光就在眼前。只是你的表达没有真实地呈现出你的好意图，如果反过来，你对同事们说：“请你们再想想……”这样，你的“命令”摇身一变，就成了一个友好的请求，谁又能拒绝呢？

7.以最婉约的方式传递坏消息：“我们似乎碰到一些状况……”

你刚刚得知，一件非常重要的案子出了问题，如果立刻冲到上司的办公室报告这个坏消息，就算不关你的事，也只会让上司质疑你处理危机的能力，弄不好还惹来一顿骂，把气撒在你的头上。

此时，你应该以不带情绪起伏的声调，从容不迫地运用说话技巧，千万别慌慌张张，也别使用“问题”或“麻烦”这一类的字眼，要让上司觉得事情并非无法解决，而“我们”听起来像是你将与上司站在同一阵线，并肩作战。

8.巧妙闪避你不知道的事：“让我再认真地想一想，下午三点以前给您答复好吗？”

你正在办公桌前开小差，领导突然出现在你面前，并且带来一个非常难回答的问题。此时的你，别说绞尽脑汁去想问题答案了，或许你开小差的时候，领导说的话你根本就没有听清楚。不管哪一种原因，至少现在你断然是给不出正确答案的。

领导还在，你又不知道该如何作答，此时，一定不要说“我不知道”，而是要谦虚地说：“领导，您给我点时间，让我好好想想，下午四点之前，我给您答复好吗？”

你看，从结果上看，你的回答和“不知道”是一样的，都没能当下解决领导提出的问题，但语境和意义却是不同的，领导会认为，你在这件事上很用心，需要深思熟虑后再认真探讨，而不是盲目地甩出一个结果出来。

古往今来，成功人士多为能言善辩之辈。古人云：“一人之辩重于九鼎之宝，三寸之舌强于百万之师。”在市场竞争日益激烈的今天，“会说话”已不再是单纯字面上的释义，它更多地开始影响和决定着人们事业成败，成为其中举足轻重的关键因素。

站在对方的立场上，说他的心里话

小学的时候，我们班有一个样子憨憨的同学，大家都讽刺地称呼他为“二憨”。“二憨”其实一点儿也不傻，就是平时说话做事的反应比我们正常的孩子慢了一些，但是他性格特别好，不论谁有意无意地欺负他，他都是呵呵地冲着对方笑，一副无关紧要的样子。开始的时候，班主任还能维护一下他的自尊，可时间久了，老师好像也习惯了这样的画面。

一次家长会结束，“二憨”和他的妈妈走在我的身后，我清楚地听到了那次足以燃烧生命的对话，也第一次见识了，同样的话换个方式表达，意义截然不同。

“妈妈，老师都和你说什么了啊？怎么你的表情看上去那么凝重？”“二憨”挽着妈妈的手臂关切地问着。

“二憨”的妈妈鼻子一酸，差点没哭出声音来，但还是巧妙地隐藏起了自己的情绪，转过头欣慰地对他说：“老师和我说，你是一个很聪明、很努力的孩子，只要掌握好学习的方法，下次考试一定可以考到前三十名。”

其实，老师对“二憨”妈妈说的原话是：“你家的孩子反应比别的孩子慢很多，而且明显比同龄孩子更幼稚，希望你能找时间带孩子去做个全面检查，但愿他的智力没有差太多。”而至于考试名次的事，他的妈妈也是说得相当婉转，要知道，我们班一共三十名同学，只要儿子不缺考，就没有人会考到“第三十名”的成绩。

听了妈妈的话，“二憨”的眼睛里充满了喜悦和希望。第二天之后的每一天清晨，“二憨”都是班级最早到的学生，他的成绩也一点点开始进步。

初三时最后一次家长会，老师拿着几次模拟考试的成绩对“二憨”的妈妈说：“以他的成绩，根本考不上重点高中。虽然他总是比别人付出更多的努力，但基础太薄弱，聪明劲也不够啊！”妈妈听了老师的话，若有所思。我并不知道在这位深爱自己孩子的母亲心里，到底装载着多么强大的力量。

后来，妈妈将他叫到身边，和蔼地对他说：“老师说你很聪明，还特别努力，是班级中最努力的一名学生。只要你坚持下去，一定会有机会考上重点高中的。”

几个月后，“二憨”果然将重点高中的录取通知书呈在母亲面前，激动地对母亲说：“妈妈，我从来都知道的，我比别的孩子笨一些，也知道所有人都不看好我的努力和坚持，但我知道，这个世界上有一位最爱自己孩子的妈妈，永远支持他、鼓励他。”

其实有时候我们会发现，生活在我们身边的人和事，都有着微妙的关系，每一个人的一言一行，随时都可能改变身边的一草一木。家长对孩子、领导对下属，乃至最平凡的人与人之间，同样的话用不同的方式来表达，意义就有很大的差别。

每一个人都是独立的个体，生活有多精彩，从来都是依靠自己的努力来实现的，于是很多人会说：“世界那么大，我做不到让每一个人都欣赏我，只要我能欣赏到自己就足够了。”

可是，世界是你的，也是大家的，我们不可能毫不顾及他人的感受做自己想做的一切；也不能将所有的真实想法“真实”地表达出来，即便是好心，也有办成坏事的时候。但是，如果我们站在对方的立场上，多为他人考虑一些，用更积极的语言开场，相信事情一定就会有所转机，并向好的方向发展下去。

谁都希望得到别人的欣赏，即使做得并不好，你也希望听到鼓励和赞美的话，而不是否定甚至讽刺的话。

“我相信你，一定可以的！”

“你要像我相信你一样来相信自己，没有什么可以难倒你的！”

“别担心，问题一定会得到解决。”

“别着急，一定还有更好的办法！”

或许被鼓励的人已经失败了，也可能失去的远比这些字面上的多很多，这些话说出来，或许只能安慰一下当事人，只不过不会更加难过和悲观。但假如没有这些话鼓舞，当事人的境遇一定更糟。倘若，你不但没有鼓励，反而跟着一起不知所以，那事情也就难以再逆转了。

如果有人对你说：

“怎么办啊？”

“太糟糕了。”

你听过后的心情一定无法开怀，即使没有钻进牛角尖，怕是也很难再回归阳光下了。同样是听一个悲观的故事，不同的是，上下两种回答起到的效果截然相反。所以，在与他人交谈的时候，更多地去描述积极的一面，这样会让对方更喜欢与你交流，也更愿意和你做朋友。你贴心的问候，积极的鼓励，善意的劝慰，都切实地揉进了他的生命。你的一言一行，改变了自己，也改变了环境。

这个改变不是绝对的，就像我们的衣食住行，并不单单是解决温饱，更多的还有意识层面上的追求。沟通时，站在对方的立场去“游说”也是有一定标准和要求的。凡事都有一个度，不及则无用，过之亦无用。

怎样才能将处于对方立场上的说辞，变得更有意义、更有担当呢？答案是：表达方式要得体。

用一个恰当的方式来表述自己的意愿，这是一门道行深厚的学问。同样的意思，如果表达出的语言不得体，会给对方留下不好的印象，既影响了沟通的效果，还折损了你在对方心中的形象。反之，如果你的言语得当，让听者觉得舒服，没有让其有任何反感和误解，恭喜你，你的语言表达已经“优+”了。

有一个事例或许大家都听过。

L和妻子的婚礼是在旅途中进行的。为了表达对亲朋好友的感谢，也想让老婆的厨艺在朋友面前展示一下，这一天，旅行归来的L邀请了平日里走得比较近的亲朋好友和同事，来到自家一起聚聚。

言谈间，L拿出手机看了看时间，见约定好吃饭的时间已经过去半个小时，居然还有一大半的应邀之人没有出席，也没有任何人告诉他有事不能出席。心里有些着急的L没经过思考就埋怨了一句：“怎么搞的，该来的都没来！”

已经来的一小部分朋友听到L的埋怨后，心里都不是滋味，想道："原来我是无关紧要的人，重要的还没有出场呢！既然这样，我的存在与否也没有任何意义了，干脆走人得了。"

L见一些人谎称有事，先一步离开了，心里就更着急了，越着急越不知道怎么表达，直接说了句："这些不该走的，怎么都走了呢？"

这下更糟糕了，剩下的没打算走的宾客一听，心里泛起了嘀咕："怎么，这是嫌我碍事了呗，不该走的都走了，那我这个该走的人还留在这里干吗？"

就这样，没来的还没来呢，来了的又相继不欢而散。最后，只剩下一个和L最为要好的朋友，语重心长地对L说："以后，你再说话的时候，一定要走走心，过过脑，想好了怎么表达更得体再说话。"

L的两句话，是说者无心听者有意，可能不是那个意思，但说出来的话却好像特意为"误会"准备好的一样。其实，在L心里，他本是想站在他人的角度去说话的，他想着，来参加宴会的都是他生命中重要的人，所以在人没到齐的时候，才会说出那句"该来的都没来"。当他意识到自己说的话，已经让一些人误会了，想要挽回的时候，一不小心将误会变本加厉了，第二句说的"不该走的都走了"，实际上是想表达，你们对我都很重要，一样重要，怎么能走呢？

生活中，一句站在对方立场说出的得体话，会让人听上去如沐春风；相反，说出的话不得体，就会令人寒风刺骨、毛骨悚然。

因此，我们在与人交流的过程中，不能不视环境地信口开河，而要根据所处的场合、交流的对象，用最得体、恰当的语言来表述，以避免误会和伤人。

不说出口的爱，温暖不了爱人

从相识到相知，从相知到相恋，我们和爱人之间的交流，也都是上自天文地理，下至柴米油盐，无话不说的。恋人之间离不开甜言蜜语。或许有人认为，恋爱期间的情话说得已经够多了，所以步入婚姻殿堂之后，没必要再继续上演你侬我侬的剧情。

但实际上，我们所忽略不计的“爱”的表达，并非一定是缠绵的情话，很多质朴的话语，同样是抒发爱的表现。

我的朋友里有一个成功人士H先生，他是一位成功的商界精英，一家上市公司的中坚力量。人们常说，事业有成的男人，都是自己拼搏出来的。但在H先生的言谈举止中，他所表达出来的是，他所有的成绩最大的功臣就是老婆。看似普通的陈述，实际上载满了一个人对爱人的寄托和信赖，越是放在背后的赞美和感激，越是能够扣人心弦地温暖他人。

H先生和妻子结婚十三年了，那种花前月下的烂漫情怀怕是已经渐行渐远，而“最浪漫的事就是和你一起慢慢变老”，对于他们而言，实属过早。身边的朋友都很好奇，是什么样的“夫妻经”，让他们始终都保持着相敬如宾的良好氛围，而且从未有过任何变质?

提到“夫妻经”，H先生自己也不知从何说起，因为他还真的没有仔细总结过，他与妻子之间的亲密无间到底是受益于什么。如果一定要给他们的“夫妻经”做内容梳理的话，H先生坦言：“我们之间最默契的，大概就是我始终都会将‘爱’挂在嘴边，系在心上。”

H先生说的记在心上和挂在嘴边的“爱”，并不是单一的“我爱你”云云，他所说的爱，是一种朴素得丝毫没有华丽装饰的日常用语，却是从心里走出来的爱的宣言。

有一次，H先生因为加班到很晚，而且手机因为电量不足也已关机，这时，他的父亲突发脑溢血住进了重症监护室，H先生的母亲要照顾卧床的H先生的奶奶，实在无暇分身再去医院陪护H先生的父亲。妻子第一时间知道事情后，连夜驱车赶往丈夫的老家，陪伴在公公病床前一周，直到他康复出院，又帮着忙里忙外置办了很多生活必需品。当妻子带着满身疲惫回到家中，H先生因为连续加班，也已经多日未回家。但是妻子没有丝毫怨言，用心地照料着家，照料着共同的长辈。

忙完了项目之后，H先生组织了一次家庭聚会。餐桌上，他高举酒杯，转身看向妻子，由衷地说："这些天，辛苦你了，你是我的好妻子，公婆的好儿媳，父母的好女儿……"

妻子不是很擅长做饭，嫁给H先生之前几乎没有进过厨房。有时候，妻子心血来潮也会做几道菜，但色香味可就不敢恭维了。第一次做菜时，妻子向H先生投来不好意思的目光，H先生会微笑着说："你真是一个天生的烹饪高手，第一次下厨就出乎所有人的意料，不出时日，相信你就能做出满汉全席了。"

有时候，H先生也会把工作带回家去加班完成，很多次熬夜很晚，妻子一直照料在旁，时而倒杯水，时而捶捶肩。有几次，H先生新的灵感刚刚油然而生，却被妻子突然的一个举动搁浅了。但他没有表现出丝毫不满，反而撒娇地对妻子说："亲爱的，今天的工作量好大啊，我一个人很是吃力，你能帮帮我吗？"于是，H先生会给妻子安排些简单的校对工作。这样，大家都能够全身心地去做一件事，时效上也提前了许多。

你看，其实H先生说的这几句话，都是我们平时生活中再普通不过的，里面没有一句"我爱你"，但表述出来的却又是满满的爱意。说话的人，心里充满了爱，听者，亦是感受着无比的温馨和喜悦。

恋人，或者夫妻之间，我们曾经认为的没有必要说出口的“爱”，实际上正在悄无声息地掠夺着亲情和爱情。

其实，无论是风花雪月，还是柴米油盐，抑或是家庭冷暖，只要用心地表达对爱人的爱意，你用心地说，对方就会更用心地去听，再朴实无华的言语，一样可以传递出倾世绝恋般的浓浓爱意。

说出来，正是因为爱。

关于“会议狂人”与“云里雾里上级”

中国有句老话叫作“四两拨千斤”，这是典型的道家哲学，注重以柔克刚，以少胜多。

这样的理论运用在职场交往中，也绝对能称得上是鞭辟入里的必备法则。然而在现实生活中能真正做到的人却少之又少，更多的人做的却是“千斤拨四两”这样因小失大的蠢事。

闺密的公司调来一个总监，名叫G先生。G先生人如其中文名，直来直去、油盐不进。

进入公司以后，G先生最喜欢的就是开会，一天到晚，大会小会不断，最严重的时候，一上班就先开一个长达四五个小时的会议开开胃，下午再来个一两个小时的会议溜溜缝，到了晚上还得加班开个会总结一下一天的收获和教训。

跟很多的“会议狂人”一样，其实G先生来来回回说的也就是那几样，不是回首过去，例如什么价值观、什么创业历史，要不就是展望一下未来，例如要紧跟互联网思维、要半年内盈利千万。

每当有员工主动和他沟通工作细节，或者让他审阅工作内容时，他就会摆出一脸“你还是太嫩，什么都不懂”的表情，指着文件就开始批评：“你这都是什么啊！一点儿创意都没有！”“你的文凭是假的吧，这你都不会？”

说完后，还要起身拿起杯子连灌两杯水，然后一脸“恨铁不成钢”的模样摇头叹气。

开会令人疲惫，日子久了，大家对本职工作反而丧失了动力，每天疲惫不堪，却感觉没做出任何成就，员工们充满了挫败感。更重要的是，有家的抛弃妻子，没家的没时间相亲约会，怎一个惨字了得？

半年相处下来，闺密和同事们对G先生早就是“心有埋怨口难开”。公司里人性化地为员工提供了“信箱”服务，本意是想给员工一个可以表达自己想法的地方，但是从公司成立以来，“信箱”几乎就没发挥过什么太大用处，偶尔有的信件也都是些溜须拍马的奉承信，或者是鸡毛蒜皮的流水账。

G先生的到来倒是给了“信箱”一展拳脚的地方，几个胆大的员工匿名向“信箱”写了几封信，里面详细记录对G先生的意见和建议。

信投出去了，却像是石头掉进了大海里，毫无音信，除了某天早会上，G先生一脸和蔼地说道：“我知道我任职不久，和很多同事还有沟通的余地，大家如果有什么好的想法和建议都可以跟我说嘛，了解我的人应该知道，我这个人还是很开明的。我相信没有什么事是沟通不能解决的，遇到事情多‘沟一沟’，那不就‘通’了吗？”

话是说出来了，但等于没说。于是“信箱”又恢复了“往日的平静”。

临近年末，在春节假期之前，G先生紧急召开了一个会议，叫来了公司的几个核心员工，想要和他们商讨一下关于情人节的广告宣传问题。

原来，春节假期放完后上班的第一天就是情人节，往年公司为了配合宣传都会大力推出专属于情人节的限时新产品，今年也不例外。

新产品早就已经确定好了，公司宣传也已经打了出去，但是现在G先生觉得反响并没有之前想得那么好，于是提出要推翻修改。

企划部炸开了锅，且不论时间紧任务重，最重要的是G先生并没有说清楚想要的究竟是什么风格，这一下子就是相当于一个“命题作文”，却是一个模糊的命题，让人无处下手。这样“云里雾里”的上级，很多人都遇到过，布置任务的时候表述都落在虚处，听不出标准，看不出具体要求，让人干着急。

马上就要放假了，几位核心员工都很焦急，从策划案到最后落实至少需要两天的时间。但是互相望了望，还是不知道G先生究竟想要些什么。最后，索性就硬着头皮开始做起来，形形色色的几个版本，在下班前递到了G先生的办公室。

他们看着G先生阴沉的脸色，暗自叹了一口气。其中一位直接掏出了手机给女友发去微信：“Sorry，今晚又加班，不能陪你了。”

“会议狂人”果然“不负众望”，这一天，他们开会到了深夜，接着通宵奋战。清晨，新的策划案依旧没有眉目，几位成员的情绪也被逼到了崩溃的临界点。

没完没了地开会，永远表述不清的工作安排，都足以让人崩溃，G先生一个人就占全了两样。

策划案最终的结果是：G先生无奈，只能自己完成了，但是工作结束之后，他大发雷霆。他认为自己竟然被逼得最后亲自上阵，那么这个团队的战斗力和凝聚力究竟有多差？专业水准又去了哪里？

有一个概念叫作“团队智商”，G先生在年前的最后一次会议上黑着脸说："看来我们的团队等同于弱智。"

整个新年假期，企划部的群里静悄悄的。大年三十那天晚上，G先生在群里发了一些红包，次日又被系统退回来大半。

上班伊始，几位核心成员纷纷提出离职申请，让G先生措手不及。

人力资源部主管找到了G先生，与他深度交谈，探讨了这个问题："团队上下，大家都做得很不开心，你认为是什么原因？"

G先生斩钉截铁："他们眼高手低，自己水平不行，抗压性又太差，所以走了也不可惜。"人力资源主管连连摇头，最后谨慎做了一份报告，交给了老总。

你一定预料到了，最后离开的那个人是G先生。对于任何一个老板来说，这都是艰难的决定，因为G先生有能力，也有魄力，但是很显然，这也是个正确的决定，因为一个不能调动员工积极性的领导，是毫无价值的。

反反复复开会，是很多领导爱做的事。他们经常觉得有精神要传达，有事情要向员工交代，却没有给足他们实战的空间。工作的意义不在于开会，而在于动手去做，错了去更正、去进步。对于企业来说，做事永远是最重要的，而开会只能作为辅助，尽量简洁而直接。开会开多了，恕我直言，往往会沦为画大饼和吹牛。

我认识一位老板，他喜欢将会议开到午夜之后，但是全程言之无物。后来，我“读”懂了，那是因为他寂寞。每个人都有获得安全感和成就感的途径，“会议狂人”，显然是找到了一条奇怪的路。

模糊地传达工作任务，让员工像无头苍蝇一样到处乱撞，也是一部分领导的病灶。说到底，还是犯了沟通的大忌。好好说话，清清楚楚表达，说起来简单，做起来并不容易。

其实作为一个个体，G先生一定是个强者，他可以有魄力去临阵推翻之前的宣传，又可以在无奈之下独自一人在紧张的时限里完成。但是当他作为一个团队的leader，却兼具了“会议狂人”和“云里雾里上级”的特质，对于他旗下的兄弟们，我只能报以深深的同情。

我们必须承认，曾经在某一个时段里，G先生式的领导大行其道。但是我们也必须意识到，G先生式的领导终将陨落。当地球人都意识到了时间管理的重要性，就再也不会有人愿意将自己的精力浪费在这些毫无意义的重复中。

第四章

语言的禁区，常常也是思考的禁区

太直白，好朋友也会“伤不起”

总有人喜欢这样形容自己：性子直。

“我这人性子直，说什么你别介意。”

“我天生就是这样子，大大咧咧，如果说了什么你听着不舒服的别往心里去。”

…………

仿佛性子直成了一道护身符，一张可以让你讲话肆无忌惮的盾牌，遮挡的却不是别人刺过来的矛，而是你正向别人射过去的箭。

在一部分人的心里往往有一种误区，他们将不懂分寸当作幽默，将缺乏同情心当作直爽，却没有意识到两者有着本质上的天壤之别。殊不知，最高明的幽默往往充满着温柔，真正的直爽总是伴随着侠义。

舒心曾经在年轻的时候犯过一个错误，如果时间可以倒流，她愿意付出一切来修改那个错误，然而岁月是如此温柔又如此残酷，它刻印下每一个人走过的每一步，不论那些是对是错，都被完完整整保留下来，不容回头，不容改正。

有人说，年轻人犯了错误，哪怕上帝也会原谅他们。事实是，即便上帝能够原谅他们，被他们伤害到的人却不会。不论一个人多么年轻，那都不是可以让他们犯错误的理由，只不过，由于他们足够年轻，他们今后还可以有足够长的时间来让他们避免犯下同样的错误。

那一年舒心在读大二，她跟同宿舍的小西甚为交好。每日里她们同进同出，一起读书，一起吃饭，晚上一起睡觉。与小西的交往是一个十分舒服和愉悦的过程，小西性子温和，总是善解人意，仿佛骨子里就写着贤惠。

如果说小西有什么让舒心觉得看不过眼的，那大概就是她的身材了。没错，她不到一米六五的个子，体重却快达到一百五十斤了。本来，她是胖是瘦，都是她自己的事情，就算她的体重已经威胁到了她的健康，朋友能做的也只是多提醒多建议，提供一些理论上或者身体力行上的帮助，但这一切都应当建立在为朋友考虑的基础上，而不应该越俎代庖，以关心为名行伤害之事，偏偏，这又是许多人容易走入的误区。

那时候舒心年轻气盛，尚不懂得深浅，她觉得小西的体重就如同是一颗毒瘤，盘旋在她与小西的日常生活之中。她对小西的其他一切都很满意，就是这身肥硕的脂肪令她难以忍受。于是，在平时，她总少不得对小西的体重表达微词。

被舒心说得久了，小西也开始对此特别介意起来，更何况她也知道这个体重会让自己患上各种各样的疾病，而且会让自己看上去比实际年龄大了七八岁，所以在某个早晨，小西终于郑重地对舒心说，她决定要减肥了。

“我决定减肥，有什么好方法都丢过来吧，什么断食法、节食法、运动法，只要有效，我就照单全收！”

“你得保证自己真能做到！”

“放心，为了身材，我什么都能做到！”

“那行，今天开始，每顿饭要减到之前的三分之一，每天跑步半个小时，晚上睡觉之前还要做俯卧撑！”

“都听你的！”

小西笑嘻嘻地说，开心得仿佛她已经减下去了一样。

舒心并不是说说就算的，从那一刻开始，她真的十分认真地行使着自己的监督权，她就像是个真正的瘦身教练，用严厉的态度让小西不敢有丝毫懈怠。

对小西而言，那真是地狱般的几个月，每天她都是在疼痛中入睡，在饥饿中醒过来，醒来后，面对的便是舒心严厉地在她面前宣读这天的减肥计划。

每一次小西觉得就快坚持不下去了，看到舒心认真的脸，她都咬咬牙开始继续坚持，她不想让舒心失望，她可以对不起自己，但不能对不起一心帮助她的舒心。

可是，连续的挨饿和疲累让小西的精神状态也出现了问题，原本乐观开朗、活泼大度的她，渐渐开始产生一些负面情绪，偶尔还会抱怨舒心对她的态度糟糕，这让舒心觉得很不爽，让舒心觉得自己的好心被当作了驴肝肺，于是她对小西的态度便更加糟糕了。

事情就这样在循环之中变得渐渐恶劣。

某天，舒心要去参加实践课，小西没有课，自己待在宿舍里。那天已经是深冬，宿舍特别冷，小西第一次体会到了什么叫作饥寒交迫。

连续几个月的节食和训练，并没有让小西的体形发生明显变化，虽然她的体重掉了十几斤，但是对于整体印象的影响不大，虽然也给小西带来了一点成就感，但这成就感跟她的痛苦比起来完全是不值一提的。

寒冷和饥饿感向她袭来，她忽然觉得一切都无所谓了，活下去的欲望战胜了一切，她起身跑到学校食堂，点了四五个菜，要了一大碗饭，坐下来便痛快地开始吃。

也是巧，就在她吃饭的时候，刚从实践课归来的舒心也去了食堂，正打算填填肚子，一眼就看到了坐在角落里大吃特吃的小西。

她气得不打一处来，直接奔向小西，夺过她手里的筷子：“你怎么还有脸吃？不知道自己肥得像头猪吗？跟你做朋友，我真是倒了八辈子霉！我看你这辈子注定就是个死肥猪、死胖子！”

虽然还不是吃饭时间，但食堂里已经有不少人，此时所有人都将目光对准了舒心和小西。

小西的脸立刻红了起来。

她也没再吃，而是起身、低着头、离开。

舒心看到她的样子，心中有些不舍，想要追上去，却又不知道说什么。

接下来的日子里，两个人陷入了冷战之中，谁也不跟谁说话，平时就像看不到对方一般，好在没多久，便是寒假，两个人的尴尬状态并没有维持太久。

两个多月的寒假过去，开学的那天，舒心还在思考究竟该怎么跟小西缓解关系，却听宿舍里的其他人说小西已经申请换宿舍了。虽然新宿舍还在这栋楼里，却不是同一个楼层，也就是说，以后想要再见到小西，除了上课或者平时偶遇，便没什么机会了。

舒心感到特别难过，但这件事情，不论如何都是小西有错在先。

思来想去，最后舒心还是觉得挽回这段友情更加重要。因此到了正式上课时，她进了教室，就刻意寻找小西的身影，却根本没找到，经其他同学提醒，才看到坐在前排角落处的那个人是小西，只不过，那个人虽然是小西，却与从前有着天壤之别。

如果说从前的小西是个女胖子，那么现在的这个小西，完全可以算得上是女神。

虽然不清楚她是如何做到的，但小西真的在短短两个月内减肥成了女神。舒心上学期用了整整一个学期都没能做到的事情，小西竟然仅仅用了一个寒假就完成了。

舒心走了过去，打了声招呼，但小西只是冷冷哼了一声。

接着便上课了。

接下来的整整一个学期，小西都是如此这般，与人冰冷，高傲优雅，这样的小西引来了许多追求者，但她对任何人都是直截了当地拒绝。

舒心不敢确定小西的变化是否因她而起，但她知道，当初她的那番话对小西绝对是不小的打击。

或许小西之所以能在寒假里瘦得这么快，是因为之前的减肥行动打下了基础，但不论如何，好心帮忙都不是舒心可以随便对小西人身攻击的理由，更何况，她们还是那么好的朋友。

那段友情一直到毕业很久都没能恢复。而小西留给舒心的最后印象，始终是那个不苟言笑的冷美人。

听其他同学说，小西毕业后很快嫁了人，生了孩子之后又复胖了，只是，虽然人变胖了，性格却开朗了很多，颇有点当初减肥前的影子。

舒心不禁想，说不定只有胖胖的样子才是最适合小西的，只有在那样的状态里，小西才能真正感到开心，她当初为小西做的一切，说的每一句话，或许只是单纯在伤害小西罢了。

意气之争，那是青春期才可以犯的错

有句话叫作“不蒸馒头争口气”，这句话在不同的场合里往往具有不同的性质，有时候它是一句鼓舞人心的话，有的时候却很可能成为在冲动之火上添了一把柴的恶魔。

在许多人的观念里，一个人不论到任何时候，都不可以“㞞”。“㞞”意味着窝囊，意味着颜面扫地，意味着丧失了做人最基本的尊严。

不知不觉，我们没能意识到，自己已经渐渐进入了一个误区，一个充满了浮躁，忘记沉静、抛弃智慧的误区，在这个误区里，人们持有着自以为正确的观念，做出似乎更符合当下主流价值观的决定，却没发觉，自己已经成了曾经最唾弃的那一种人。

张峰可以说是那种基本没经历过挫折的人。他从小到大在学校的成绩都是优秀，可以说是被宠爱和追捧滋养成人的，工作后，他的工作性质决定了他不需要去讨好任何人，相反，从来都只有别人讨好他的份儿。

他是个设计工程师。在设计师里有着明确的阶层划分，最底层的那部分做的都是锦上添花的工作，上层的设计师将一切框架都做好，底层设计师只是按照上层设计师的要求做一些建模方面的机械性工作，这种工作，只要软件掌握得好便都可以做。但顶层的设计师不一样，他们的工作才是真正充满了创造性的，他们必须运用所有的设计知识、所有的艺术细胞，才能设计出一个让他们感到完美的作品。

张峰便是这样的设计师，他在读书的时候就拿过不少国内外的大奖，尽管是个新人，但在设计行业也颇有一点地位，其他人对他都是捧着、哄着的，就算是出资方，跟他提要求时也是小心翼翼的，尽量不让他产生不受尊重的感觉。

在张峰工作第三年的时候，公司分配给他一个新人，希望他能带一带这位刚毕业的实习生。这个新人姓李，算是张峰的学弟。与张峰不同，小李人很随和，嘴也很甜，加上也真的是希望能跟张峰学到点东西，便人前人后“师父”叫得欢。

张峰很喜欢小李，也希望能真的教给小李一些东西。

原本，一切都很平和，日子在阳光下泛着橘黄色的柔软光芒，但职场终究不是学校，总会出现各种各样的问题和摩擦。

与张峰同公司的人里，还有一个设计师，叫宋海。宋海比张峰大了十几岁，按照现在的算法，可以说，宋海与张峰完全算是两代人了。

这个时代的发展是飞快的，每隔十年就完成了一场更新换代，每一代都有每一代的特色，有每一代为人处世的方式，他们大部分都能和谐共处，但也有一部分会互相看不过眼，于是70后对80后嗤之以鼻，80后又对90后瞧不起，尽管他们之间的一切分歧都不过是在不同环境下成长之后的反应，但有时候人心就是可以小到容不下半点与己不同的差异。

宋海大概就是张峰最看不上眼的那种人，他市侩，他算计，他不坦荡。而张峰与之刚好相反，张峰血气方刚，完全不懂得什么叫作迂回。所以宋海也不可能喜欢张峰，对宋海来说，张峰就是那捂不热的石头，在他身上做任何人情投资都是枉然。

张峰与宋海之间的问题其实公司里大部分人都看得清清楚楚，只不过两个人在工作能力上都是无可挑剔的，所以不论上级还是下级，都对这件事保持睁一只眼闭一只眼的态度，最多在茶余饭后把这当作大家的八卦谈资，也是乐子一桩。

这个相对稳定的平衡状态，终于在一个楼房设计的事件上被打破了。

那个楼房设计的项目，公司在半年前就开始运作。公司里的每一个人都知道，如果公司能拿下这个项目，那这就是能让人吃上几年的肥差，谁能担任这个项目的总设计师，谁就算是捡到了宝。

公司里最有能力担当这个项目的人，便是张峰和宋海了。所以，当得知公司终于与楼房开发商签下合同，张峰和宋海便暗自较起劲来。

其实公司内的大部分人都认为张峰是更有机会拿到这个项目的那一个，因为宋海在上一个项目中出过一个不算小的差错，这个差错害公司损失了几百万元的利润，最后也因为宋海是老员工才只是简单扣了他半年的奖金。这次的项目十分重要，公司上层的领导应该倾向于找一个更靠谱的设计师来负责。

张峰来公司至今还未出过任何差错，之前负责的中等难度的项目也都顺利完成，可以说是公司最看好的明日之星了。公司里很多人因此都开始尽量朝张峰那边靠，他们知道，只要张峰拿下设计师的位置，就会立刻组建自己的团队，加入这个团队的每一个人都能捞到丰厚的油水，所以他们都尽其所能讨好张峰，希望能有加入他团队的机会。

于是，连张峰自己，也开始认为这个项目他是志在必得了。

然而，宋海在公司十几年，也不是一无所有。公司里有许多人都是宋海的亲友，哪怕失去这次赚大钱的机会，他们也宁愿成为宋海的坚实后盾。

渐渐地，公司里形成了两个界限分明的势力，宋海那边的人认为张峰那边的人是墙头草，而张峰那边的人讽刺宋海那边的人不识时务。在公司正式宣布总设计师之前，两方已经在暗地里剑拔弩张了。

这气氛在青年节那天达到了白热化。

这家公司的组成是十分年轻的，大家都是二三十岁的人，最多四十几岁，所以在青年节这天，公司举行了一次集体派对，算是慰劳大家过去几个月工作的辛苦。有些知道内部消息的人，在私下里都在传言，说过完这个青年节，公司就会正式启动那个他们盼了半年多的项目。

派对上，张峰跟小李坐在桌子前一边吃着酒，一边聊一些工作方面的规划，这时宋海拎着酒瓶走过来，笑呵呵地跟张峰说，想跟他喝两杯。

张峰不是不知道宋海的人这些日子是怎么在背后嘀咕他的，他并不想喝这杯酒，但碍于面子，还是请宋海坐了下来。

宋海向张峰表达了对这个后辈的喜欢之情，也说了不少好听的话，诸如年轻人未来无可限量之类。这话张峰早就从不同人的口中听过了无数次，并不觉得新鲜。对于宋海的殷勤，张峰只觉得腻烦。

过了一阵子，一个年轻的实习生走了过来。

这个实习生张峰是有印象的，他记得自己跟这个实习生接触过几次，他还曾经指导过实习生一些技术方面的问题。这个实习生径直朝张峰和宋海走来，却几乎没看张峰一眼，而是直接向宋海举起了酒杯：

“宋工，您是我在这个公司里最敬佩的人，我希望以后能跟您学到更多的东西！”

说完，他先喝光了杯里的酒。

张峰瞬间觉得自己的脸仿佛被打了狠狠一巴掌。

虽然加入公司的年头不同，但他跟宋海在公司里的地位不相上下，况且如今在公司里，他明显是比宋海更加被看好的那个，这个实习生，还曾经受过他的指点，却竟然理都没理他，直接对着宋海敬酒了！是把他张峰当作了什么人？

宋海笑呵呵地应了实习生的酒，实习生正要离开，却被张峰一把抓住了胳膊。

实习生纳闷地回过头，迎上他的是张峰的冷笑。

“你知道我是谁吗？”张峰冷冷地问。

“张工。”

“你刚才看见我了吗？”

“看见了。”

实习生有点慌，脸色已经显得发白。宋海连忙起身打圆场，笑呵呵地说：“都是小孩子，别玩得太过火了。”

“谁跟他玩呢？我就问他，刚才看见我了吗？”

张峰的态度愈发严厉，实习生几乎要哭出来了。

这时其他人也加入进来，有劝的，也有添火的。

在这种时候，劝的人通常打不过添火的人，一场骚动就这样渐渐扩大起来。仅仅是一点无足轻重的小事，却发展成了一场群体的对战。宋海那边的人自然是维护实习生，他们责骂张峰不知深浅，不懂得尊重人；张峰那边的人则是骂宋海业务不过关，仗着年头长，赖在公司不走。

骂着骂着，有人因为气不过，直接摔桌子离开，有人脸红脖子粗，非要争个你死我活不可。

一直到领导叫来了保安，才算是结束了这场荒唐的骚动。

那天张峰一直情绪激动，心里始终想着，一个小小的实习生，怎么就敢这样不把他放在眼里？他由于喝了酒，只能打车回家，坐在出租车上，他收到了小李发过来的短信。

那是一条写得很长的短信。前面是小李对于张峰这么久以来多加照顾的感激，中间却开始责怪张峰不该如此对待宋海，更不该如此对待一个实习生，最后是辞职。

那辞职两个字，似乎比车窗外的晚风更加寒冷，瞬间令张峰从迷醉的状态中清醒过来。

他忽然觉得，自己究竟是在做什么呢？这与高中时同隔壁班打架斗殴到底有什么区别？

他固然长久以来看宋海不顺眼，但宋海从来也没做过什么真的对不起他的事情，今天甚至还特地来找他谈心，他却没给宋海半点好脸色看，甚至还去针对那个给宋海敬酒的实习生，他这样到底算什么呢？

而陷入迷茫中的张峰并不知道，那天之后，许多人都给公司领导写了投诉信，有些是匿名，有些是署名，内容都是表达对张峰的不满。

一周后，公司直接宣布，宋海成为那个楼房项目的总设计师。

一个优秀的设计师固然难得，但人品却是决定一个公司的凝聚力和长远方向的关键。

其实张峰并非人品不好，只不过，或许因为人生太顺利，使得他的脾性仍然停留在中学阶段。这个世界并非只有是非黑白，有时候，柔和一点，善意一点，放下一时的意气之争，多换位思考，于人于己都有益处。

你有理，也不妨让他三分

S小姐是个大龄单身女。她已经三十二岁了，婚姻的问题却始终没有着落。当然，她对外的说法是自己并不在乎结不结婚，反正她的薪水足够养活自己，不需要再给生活添加更多麻烦。

S小姐自然希望她真的是那种潇洒痛快的单身女子，但是她内心清楚，她的单身只是被动单身罢了，无法寻觅到自己的那位真命天子才是她的症结所在。

或许这也是许多人说的所谓单身主义的症结所在，他们不是真的不要爱情，只不过不愿意在找到真爱之前轻易妥协。

所以，当S小姐遇到那个让她动心的人后，她对单身生活的所有坚持都被她丢在了垃圾桶里。

那人是S小姐相亲认识的。

本来，对于相亲这种事情，S小姐可以说是无比排斥。在她看来，爱情应该是在空气中飘浮，你浮游在这个世界里，努力地飞翔，但只有在不经意的时候，才有可能碰撞上那名叫爱情的神奇精灵。这精灵之所以美妙，就在于这动人心魄的不期而遇，倘若你刻意去寻觅，甚至用工具去捕捉，那么一切都会变得不再美好。

相亲便是将美好变成不美好的过程。

如果说爱情是自由的精灵，那么相亲，便是拙劣的人造地精。世上最浪漫的存在被披上了最粗鄙的现实外衣，那就算最后得到了结果，那结果也是索然无味的。

S小姐想要的是爱情，是不经意间的心动，而不是坐在餐桌前两个人细数彼此有多少存款。

但那次相亲她又不得不去，因为介绍人是她十分尊重的一个前辈，那前辈对她有知遇之恩，如果她连这个前辈提议的相亲都拒绝，那就显得自己太不知好歹了。

所以她去了，在灯光柔美的西餐厅里，对方一身西装出现在她的面前。

对方姓陈，职业是律师。虽然是律师，但他的脸上却有着其他律师少有的活泼和青春感。在S小姐看来，如果他现在脱下西装，说不定立刻就能去游乐场玩跳楼机。

在S小姐原本的设想中，这次相亲的过程，应该是她跟这位陈律师互相做一点基本介绍，然后聊聊彼此的工作，互相交换一下联系方式，以后或许能成为友好相处的朋友，或许永远不会再联系，总之，不论如何，最后绝对不会指引向爱情。

但世事就是这样难以预料。陈律师既没问S小姐的个人信息，也没交代自己的个人信息，除了他的职业，他几乎没对S小姐说过任何关于自己个人的东西，他只是在与S小姐聊他最近读过的书、看过的电影。

他也没有对S小姐表现出任何兴趣，他似乎只是找到了一个倾诉的对象，就这么开始与S小姐攀谈起那些无足轻重的东西来。

他们就这样整整聊了一顿饭，最后，当他们离开餐厅、要彼此分离的时候，陈律师忽然对S小姐说："我觉得你穿浅蓝色的衣服可能会更好看。"

那天，S小姐穿的衣服是深红色。

她觉得脸上一片火热。

陈律师就这样离开了，一直到他的车彻底消失在地平线的尽头，S小姐才想起，他们还没有交换联系方式。

S小姐就这样被击中了，她忽然觉得，自己终于在这个浮沉世界里，碰撞到了自己的爱情。尽管它开始于一场相亲，但它确实就是爱情无误。

S小姐通过前辈要到了陈律师的联系方式，但就在她给陈律师打电话之前，她却率先接到了对方的电话，显然，对方也通过中间人得到了S小姐的联系方式，在电话里，他们定下了第二次约会。

第二次约会与第一次差别不大，只是让S小姐更加确定自己对陈律师的迷恋。于是他们又开始了第三次、第四次……他们聊的话题渐渐多起来，S小姐开始对陈律师讲自己在研究所的工作，陈律师也开始对S小姐讲他的工作。

他们认识了两个多月，彼此已经颇为熟络了。陈律师对S小姐说起一个事，关于他最近接到的官司。他的委托人是被告，罪名是偷盗。

“那不就是贼吗？你怎么接这种人的官司？”

“这就是份工作，我们不好选委托人，何况他只是偷了公司的东西，也不算大奸大恶吧？”

“话不能这么说，小恶也有可能变成大恶，现在是偷公司的东西，以后可能就去偷人家的东西，甚至还可能成为杀人犯。你这个逻辑我是不能接受的。”

“好吧好吧，”陈律师笑笑，“咱们不提这个了。”

“可这是原则问题。”S小姐有些不愉快，“我知道你是律师，有时候可能要做一些违背自己心意的事情，但至少你心里应该知道，你的委托人就是有罪的。”

“嗯，他是有罪，但我也希望尽可能为他减轻罪名，至少能为他免去牢狱之灾。”

“可他是贼，他就该受到应有的惩罚。你怎么能为一个罪人开脱呢？”

“我是他的律师啊。”

“那好，”S小姐看着陈律师问，“你心里其实认为他应该进监狱，你现在所做的一切都只因为这是工作，对吗？”

她期待地等待陈律师的答案，陈律师看了看她，欲言又止，最后放弃般地摇了摇头。

他苦笑：“我不想骗你，S小姐，但是我是真的希望帮他免去牢狱之灾，不管是为了工作，还是出于我个人。”

S小姐感到生气，甚至愤怒：“你怎么可以认为包庇一个盗贼是正确的呢？”

“这个，怎么说呢？你应该明白，有时候法理之外还有人情，我的委托人其实人不错，只是一时犯下错误，我不希望……”

“可他就是一个贼啊！”

“他是一个贼，这没错，可他也应该有改过的机会。”

“进监狱就是个改过的机会啊！”

陈律师无奈地笑起来：“你说得没错，你说的每一句话都没错。好了，我们放下这件事，当它不存在，好吗？”

S小姐有点难过：“我没办法当它不存在，除非你向我保证，你只是为了工作才替他辩护，不是真的认为他不该进监狱。”

陈律师的目光黯淡下来：“我不想骗你。”

S小姐什么都没说，她气得转身离开了。她期待陈律师从后面追过来，向她承认错误，答应她不会再去同情那个盗贼，可她一直走到街边拐角，也没听到身后传来任何脚步声。

那天回到家，S小姐始终期待陈律师的道歉短信，但是她什么都没有等到。心烦意乱的她开始去朋友群里寻求帮助，她在微信群上说出这个事情，而所有朋友的回应都是：你做得对，犯罪者是不能姑息的。

“这是原则问题，如果他不妥协，就说明你们的道德观不同，你还是甩了他吧。”一个朋友说。

S小姐苦笑，天知道在这段关系里，她可能是比陈律师更想维持下去的那个人，她只是没办法接受自己的真命天子竟然会对一个盗贼表达同情。比起分手，她更希望能说服陈律师接受自己的看法，然而现在的状态却是僵持。

三天后，她终于收到了来自陈律师的道歉短信，但那短信太程式化，几乎看不出半点温度，两个人原本建立起来的亲密感，似乎也很难寻觅了。

S小姐很想挽回，可当她提议两个人再见一面时，陈律师却告诉她，自己已经在外地出差了，大概要出差半年多。

S小姐认为这只是陈律师想要结束这段关系的托词，而她并不是那种有能力为自己争取什么的人。

短暂的爱情泡沫就这样破裂，S小姐自始至终，都想不通究竟自己做错了什么。

S小姐并不知道，如果她不是那么咄咄逼人，如果她不是非要对方接受自己的观点不可，那么可能就不会发展到今天这般地步。但陈律师却很清楚，按照S小姐的个性，即便这次的事情翻过去，下一次，当两个人发生分歧时，S小姐还是会这样要求他向她妥协，尤其是当道理站在S小姐那边时，她更会变本加厉。

可许多时候，人世间的许多事情并不是简单的道理便可以衡量的。

每个人都有自己独特的世界观，两个人很难做到所有观点都完全重合，如果想要人与人之间拥有更多的情谊与和谐，那么，我们就不应该太执着地去说服谁，或许适当的退让才能给予人们更好的相处空间。

你用力成为社交明星，但看起来蠢透了

在人类社会中，有一种人，他们天生就是社交的宠儿，他们得天独厚，在人群之中如鱼得水、八面玲珑。于是许多人期望能成为与他们相同的人，希望也能这样得心应手，轻易就为自己积累下足够的人脉，殊不知，有时候越是努力，便越容易成为四不像。

从刘悦踏入社会的第一天开始，前辈们给他的建议就是，人脉重于一切。

有时候，人脉甚至可以超过你本身的业务水平，哪怕你什么都不会，你有了人脉，也就有了成绩和金钱。

对此，刘悦自己也是深信不疑，因为他曾经亲眼见到一个完全没学过程序的学长成了游戏公司的中坚力量。这个学长既不懂得程序，也不懂得策划和设计，他只是认识许多开发商、许多媒体方面的工作人员，以及其他公司的许多策划，通过与

这些人不断周旋，最后几乎什么都没做，就成了一款火热游戏的主要负责人。

毕业后能够入行游戏业也是刘悦的梦想，在认识这位学长之前，他始终努力研究程序，在接触了这位学长后，尤其是得知这个学长赚的钱是他们团队主程序的两倍时，刘悦才意识到，他掌握的所有技术根本不值钱，人，才是最值钱的东西，与其费尽心力琢磨程序，倒不如多参加几次社交活动。

所以，当刘悦毕业，当他真的进入了梦想中的游戏公司，他便将重点放在了发展人脉上。

于是，入职之后的刘悦，开始积极跟每一个人攀谈，跟每一个人发展交情，他想了解每一个人的背景，想知道从哪个人的身上能够有利可图。

他的努力并没有白费，通过不断地给对方买咖啡、送零食，他终于知道，公司前台姑娘的哥哥在另一家游戏公司做策划。

这是他无意之中了解到的。那天他正在跟前台聊天，原本只是想通过前台获得更多关于其他同事的信息，却没想到前台提起自己加入这个公司的契机，是通过哥哥的介绍。

前台也是个毕业没多久的小姑娘，经刘悦一问，便全盘托出了。关于哥哥正在负责的项目，关于哥哥给她的建议，她都一五一十跟刘悦说了出来。刘悦心中欣喜，便以希望向前辈请教为由，想请小姑娘的哥哥吃顿饭。

小姑娘觉得并没有什么不好，加上哥哥也不会拒绝一顿同行的饭，便答应下来。

可以说，能认识前台姑娘的哥哥是刘悦在入职之后遇见的最幸运的一件事。

哥哥叫王雄，虽然参加工作只有三年时间，且并没有做出过什么傲人的成绩，但实际上，他的能力非常优秀，做出让业内惊喜的成果只不过是时间问题。

席上只有三个人：刘悦、王雄和王雄的妹妹，也就是刘悦公司的前台。前台听不懂他们说的是什么，只是自己在一旁玩手机。而王雄，或许因为是受请的一方，不由自主地就向刘悦传授起关于如何做游戏的心得。

他们从策划方面开始聊起，比如该如何做一款能深入人心的游戏，这样的游戏应该有什么样的特色，针对不同的人应该有什么样的特点；接着又聊程序，该怎么做程序，有些代码该运用怎样的技巧；他们甚至还聊起了后期宣传，聊起了当下游戏公司最常用的宣传手段。

其实这些并不是刘悦最希望听到的，他想要知道的是王雄所在公司的结构，他也知道通过一顿饭就得到对方的商业信息是天方夜谭，但至少他可以得到一些公开信息，一些只要去一趟王雄所在公司就能了解到的信息，但很显然，王雄对此丝毫不感兴趣。

所以，尽管王雄已经给予了刘悦十分宝贵的东西，但刘悦并不满足，甚至觉得有点失望。

刘悦并没有气馁，他再接再厉，又在本公司的其他人身上下手。他努力经营与每一个人的关系，努力在本公司内建立起自己的人脉圈，再通过这个圈子向外拓展。王雄只是刘悦的一次尝试，他还在努力做更多的尝试。刘悦对六人理论深信不疑，他相信这世上的任何人都可以去结识，只要找到正确的途径。同一个圈子就更加简单，他只要与他能结识的任何人去建立友谊关系，那么他就有机会去认识这个圈子内的所有人。

而当他成为圈中红人的那一天，就是他在这个行业闪耀之日。

他一直以这个为目标在努力着。

刘悦的人脉拓展计划持续到一年多时，他的确已经积攒下了圈内在本市半数以上人的联系方式。他的工作是程序员，不过始终是边边角角的项目，公司的核心项目他始终接触不到，他找了不少的人，联系了不少的关系，可核心项目已经饱和了，根本没有他的位置，他的人脉带给他的唯一便利是，有人向他保证，只要项目有了用人需求，他一定第一时间得到消息。

他将这个保证当作了自己的压箱宝，而他唯一能做的便是等待。

其实他更希望跳槽去其他公司，直接加入那些刚起步的重点项目，因为如果那些项目最后获得成功，他就是功不可没的元老。可那些项目本公司的人已经抢不过来了，他一个跳槽的人就更不可能有什么机会。

他只好等待，在等待的过程中更积极地开展他的社交活动，努力参加圈内他能搭得上关系的任何聚会，在聚会上努力结交更多的人。

终于，最后他还是等来了机会。

公司的核心项目打算拓展，拓展的内容并不是本公司擅长的领域，所以希望能与相关领域的公司进行合作，但此时其他公司也正在进行类似内容的拓展，大家都在争取这方面的合作关系，这时候，争取到该领域相关公司的合作者，就成了刘悦所在公司的工作重点。

根据刘悦得到的情报，公司的意思是，谁能拿下这次合作，谁就是这个项目的总负责人。

刘悦觉得自己的机会来了，这完全可以说是上天赐给他的。

在刘悦一年多的社交活动里，他有幸与那家公司的小头目有过几次接触，他相信，在公司里没有人能比他更有机会拿下这次合作。

他不想过多耽搁，直接拨打了那个人的电话，希望能见个面。

在短暂的几句交流过后，对方表示最近工作十分忙碌，抽不出时间与他见面；如果方便，刘悦可以直接去他办公室找他。

刘悦想也没想，便答应下来。

第二天，刘悦也没去公司，直接坐地铁去了那个程先生所在的公司，经过一番打听，最后来到了程先生的办公室，却通过秘书得知程先生并不在办公室。

“是他让我来办公室找他的啊。”刘悦不解。

秘书连忙解释：“这个我也不大清楚，可能是他不知道您会来这么早吧，他一大早就出去了，说如果谁有事找他可以先跟我说。”

“这个事情我没办法跟你说，你做不了主。”

“那您可以在这里等一等，但是我不能保证他什么时候回来。”

“他去了哪里？”

“抱歉，无可奉告。”

刘悦心中憋闷，可也无可奈何，便只好在那里等待，他眼看时钟的针走了一圈又一圈，程先生却始终不见踪影，给他打电话也是关机。

一直到中午，秘书吃完饭后，发现刘悦仍坐在那里。

“我看经理今天是回不来了。您有什么事先跟我说吧，或者明天再来？”

刘悦悻悻地起了身：“算了，我改天再来。”

他沮丧地离开这家公司，坐上地铁。

他实在不明白，明明说好的今天在办公室见面，为什么程先生却放了他鸽子。

但他不打算放弃，他想第二天再去一趟。但在当天晚上，就从公司的微信群里得到消息，那就是另一家公司已经拿到合作权。如果刘悦没记错，那就是前台姑娘的哥哥——王雄所在的公司。

刘悦终于明白，程先生白天之所以不在办公室，大概就是在外面与那家公司谈合作。

他被耍了，彻底地被愚弄了。

他压下心中怒火，给那家公司的其他人打了电话询问，结果对方告诉他，谈下那个合作的人，就是王雄。

他还记得王雄是个安心做事的人，几乎从来不与其他公司的人接触，也不参加任何社交活动，可以肯定他是不会认识程先生的。到头来，他与程先生的交情还比不上一个跟他完全不认识的人。

人脉这种事情，说起来其实很简单，就是来往，也就是你来我往。所谓的在社交上八面玲珑的人，他们的本领绝对不仅仅在于他们能够结交到多少人，重要的是他能够给予对方什么。这世上绝大部分人都是更在意自己的利益，一个无法给予自己任何东西的人是不值得结交的，那东西可以是实际的利益，也可以是简单的精神上的愉悦，总之，绝对不是单纯的无意义的往来。

刘悦这种人，看起来是个社交明星，然而在其他人看来不过是个毫无意义的跳梁小丑罢了。他既没有能给人带来合作的公司地位，也没有能给人带来实际帮助的技术能力，他只是妄图在一次又一次社交活动中为自己谋求到更多的东西，到最后，只能是竹篮打水。倒不如像王雄般，安心做事，安心发展自己的能力，关键时候，才能有拿得出手的筹码。

不做家庭和职场中的“祥林嫂”

抱怨，简直是这世上最容易做的事情。仿佛只要你多抱怨几句，问题便解决了，责任也解除了。可不论你如何抱怨，问题仍然在那里，犯过的错误你仍然无法挽回，而你的抱怨，到头来也只是让自己更加沮丧，也让其他人更加沮丧罢了。

“昨天晚上回家，发现我老公果然没做饭。”

这是李媛早晨上班时跟其他人说的第一句话。

李媛在一家私人医院做护士，工作比较忙，但赚的钱也不少。只是她在医院里待的每一天，除了发工资的那几天还算开心，其他时间都是愁眉苦脸。

当然，她不会跟病人愁眉苦脸，那是职业道德问题，她只会跟其他护士、医生苦着脸，然后继续温柔微笑着照顾那些为医院提供收入的上帝。

“我昨天晚上八点才到家，看到锅里是空的，桌子上也是空的，老公一个人躺在沙发上看电视。”

“那他不饿啊？”其他护士好奇地问。

“他饿啊，但他还是等着我回家做。”

“不能惯他这毛病，”另一个护士说，“下次你也不做，看谁饿得过谁！”

“那也不行，饿坏了也不行，第二天还得工作呢。到头来还不是去做？我白天累得腰疼，回家还得给他做饭，做好了还得端上去。真不知道我是欠了谁的。”

“你们这样不行啊，你们得谈谈。你工作总得加班，那他天天晚上等你啊？我觉得你们还是谈谈好。”

“谈什么啊？没的谈，我就是跟你们说说这事。我看看今天的工作日程。”

李媛拿起了记录表，开始安排一天的工作，其他人只能是耸耸肩。

其实，其他人早已经习惯了李媛的每日抱怨，有些人早已经选择沉默，不再理她，只是有些人血气方刚，总觉得这事应该有个解决之道，可是拳头仿佛打进了棉花里，不论怎么说，李媛似乎都不在意，似乎她根本就不想解决，如她自己所说，她就只是想跟大家说说这个事情，事情说出来了，她也就舒心了，至于问题本身是否得到解决，她似乎根本没有想过。

一天的工作就是在李媛带来的低气压中开始的，有些人觉得不爽，有些人觉得生气。不爽也好，生气也罢，工作还是得照常。

一天工作结束，李媛照常加班，下班回到家，看到的又是躺在沙发上等她做饭的丈夫。

李媛又生气又无奈，抱怨了几句，又去做了饭，炒了菜，并把饭菜端上来，两个人开始吃。

“今天领导也不知道怎么想的，明明有新来的小姑娘不用，非要我一直加班不可，我也很累啊，为什么就不能换个人来？”李媛一边吃一边说，想起被领导要求加班时的心情，加上晚上下班还要做饭的憋屈，她几乎就要哭出来了。

“你跟他提啊，凭什么总让你加班啊？是不是看你好欺负？你不提我去帮你提！”丈夫在桌子上敲了下筷子，义愤填膺地说。

“提什么提？有什么用？”

“有没有用也得先提了才知道！”

“提了之后，领导只会对我反感，他给我‘穿小鞋’怎么办？以后更是什么事情都让我加班怎么办？”

“难道还怕了他吗？如果他敢这么对你，就辞职！全世界就他一家医院了吗？”

“你说得简单，现在的工作哪有那么好找？”

“那你就忍着，不愿意提你就忍着！”

“你冲我发什么脾气？难道是我想工作这么辛苦吗？是我想天天晚上加班，回家还给你做饭吗？”

“那你想怎么样？”

“你就不能做一次饭吗？我加班回来那么晚，看到饭还没做好，你说我什么心情？”

“我晚上吃不吃饭其实无所谓，你直接在医院吃不就行了？而且重点不是吃不吃饭的问题，而是你们领导不能这么欺负你。”

“谁让我遇到这么极品的领导呢？算了，我就是跟你说说，谁还真能去找领导麻烦？”

丈夫摇摇头，只能闭嘴吃饭。

这不是他第一次听到妻子抱怨，相信也不是最后一次，只是，不论他怎样帮她想出解决之道，最后都会被妻子用各种各样的理由拒绝回来，仿佛妻子根本就不是在寻求一个解决之道。如果妻子是心甘情愿遭遇这些不公，她也就不会抱怨了，然而她除了抱怨，什么也都不做。

李媛就是这样一个人，她在上班的时候抱怨老公、抱怨公婆；在家的时候，抱怨工作、抱怨人际。如果用一个词来形容李媛，大家能想到的只有三个字：负能量。

那一天，丈夫在工作上遇到了很大的问题，他们之前的产品，在制作过程中出现错误，那时候没人注意到那个错误，还在继续赶工，直到成品做完，错误才被查出。领导的意思是这个产品整个作废，负责这个产品的所有人都要扣三个月的奖金，并且他们还要赶工重新做产品。

这件事情让丈夫陷入苦恼中，但是没办法，工作还要继续，他们只能咽下这口黄连，继续工作，力求那样的错误不会再犯。他们开始加班加到很晚，并约好了第二天继续加班赶工，一定要在限期内完成这个产品。

丈夫劳累了一天，身体上的疲惫加上心里的苦闷，让他一回家就倒在沙发上。

丈夫回家时，李媛早已经下班很久了。

“冰箱里有饭菜，我给你热一热？”李媛来到丈夫身边问。

“不用了，我在单位吃过了。”

“那你为什么没告诉我？”

“忙忘了。”

“就那么忙吗？”李媛皱起了眉头，“我真不知道做错了什么，在单位要受病人和领导的气，回家还要受你的气。”

“我怎么给你气受了？”

“你一直都在给我气受。”李媛压着怨气说，“我工作那么累，你不帮我也就算了，只知道给我找麻烦。你跟我们领导都是一种人，只会欺负我！”

“算了，不跟你吵。”

丈夫从沙发上起身，直接朝门口走去。

“你去干什么？”

“回单位，能多赶一会儿是一会儿。”

丈夫不愿意跟李媛继续纠缠，推开门走了出去。

而这一夜，他真的再也没有回来。

李媛又气又悲，气的是丈夫真的就这样头也不回地离开，悲的是自己的家庭竟然如此不堪一击。

她回到床上开始哭个不停，一直到哭累了才睡着。

第二天，来到医院，她第一件事就是把丈夫的表现跟其他同事说：

“他怎么可以这么对我？我有什么对不起他的地方？”

“你应该跟他谈谈。”

“谈什么谈？没什么好谈的。”

“那就别跟我们说！”一个护士忽然提高了声音说，“你总是这样，每天只会给别人带来负能量，别人心情再好，看到你也变得不好了！有问题就解决，解决不了，找大家帮忙解决，有那么难吗？”

李媛听了这话，昨晚的委屈再度涌上来，泪水瞬间在眼眶里集聚，很快便要落下来了。

“你这人怎么这么说话呢？”李媛悲伤地问，“别人的悲哀在你看起来就那么简单吗？”

“你先反省反省自己吧！我看你老公也是因为受不了你才离家出走的！你哪怕生活稍稍积极一点，也不至于把自己搞成这样！你才不到三十岁，刚看到你时我以为你四十岁了呢！”

那个护士说完就拿着日程表走了出去，大概也是不想与李媛再有更多交流。

李媛被说得气不过，只能继续不停地哭泣，哭到工作时间到了，她还得擦干泪水，走出去照顾病人。

一个经常被她照顾的老人在看到她红肿的眼睛时，关切地问：“怎么了？是家里发生了什么事情吗？”

她笑着摇了摇头：“没事，一点事而已，已经过去了。”

老人欣慰地拍了拍她的肩：“想明白就好，没有什么是过不去的。”

窗外的阳光照进病房里，在洁白色的床单上，仿佛给整个世界打上了一圈柔和的滤镜，将一切粗鄙残酷的东西都融解成了温柔和美好。

而李媛并没有想过，倘若她将自己面对工作与家庭、面对整个生活的态度，都换成她面对病人时保持的职业性的乐观态度，那么或许她的整个人生，也能如此时的阳光一般，温暖而充满活力吧。

把天聊死了，路也就走死了

在说起人际关系的时候，我们常常听到一个词，就是“会说话”。即便很多人并不知道怎样才算是“会说话”，但至少他们知道“会说话”的人往往都是讨人喜欢的人。

在有些钻牛角尖的人眼里，“会说话”则意味着处世玲珑，意味着虚伪，意味着阳奉阴违。因为他们认为，一个人不可能永远说让别人听了舒心的话，如果一个人能做到这一点，他一定经常说违背自己心意的话，那么这个人就是没有原则，就是圆滑，就是虚伪。

于是他们认为，为了不虚伪，所以绝对不要做一个“会说话”的人，所以他们刻意去做一个“不会说话”的人，只说心里话，不管这话是好听还是难听，却没有想到，真话往往会刺痛人。

这类人，说好听些是有个性，但事实上是缺乏同理心。他们明明知道同样的话换作对方来说，他们会很不舒服，可他们偏偏还是要说给对方听，因为他们无法做到换位思考，也就无法做到善解人意。

一个“会说话”的人的确可能经常说些违心的话，但那并非是因为他们虚伪，而是因为他们足够善良。

小夏从小到大都没有什么朋友。

这并不是因为她不够可爱，有什么缺陷，或者是出身有什么问题，事实是她一切都正常，但她就是交不到长久的朋友。有时候她与一个同龄人相交甚好，但最多只能维持几个月，之后便再没有联系过。她总是如此，一直到她参加工作，也始终如此。

所以小夏特别无法理解那种维持十几年甚至二十几年的友情，在她看来，那是天方夜谭，如果不是亲眼所见，她总认为那些都是别人编的故事。

怎么可能有人相处几十年还不对彼此感到厌倦呢?

她总是很轻易就感到厌倦，有时候是她对别人，有时候是别人对她，她始终认为那才是最正确的人际关系。既然爱情的保质期只有三个月，那么友情大概也该只有三个月甚至更短才对。

她从来没真正分析过每一段感情都是因为什么而结束的。虽然人们都说友情是无价的，但在她看来，友情并没有带给她多少便利，也没给她带来多少麻烦，她一路通过成绩过关斩将，在工作上也是用工作能力上升，友谊除了占据她独处的时间外，似乎根本就没有任何用处。

这个观点，一直保持到她加入新的工作团队，直到她认识了新团队的上司。

新上司宋总是个性情温和的中年女性。听团队里其他人说，宋总有一个跟她从小一起长大的好朋友，那个朋友姓李，目前在政府部门工作，据说宋总工作上遇到的很多问题都是那位李小姐帮忙解决的。

“所以我对我国的某些国情深恶痛绝。”小夏私下里跟同事说，“很多事情都要跟人情扯上关系，有人情就好办事，没有人情就比登山还难，这让我们这些社交恐惧症的人怎么活？”

“你还社交恐惧症？我看你挺健谈啊！”同事笑着说。

“我就是不会跟人维持人情，我觉得这个特别难。”

“那有什么难的？建立人情才叫难，维持可容易多了。”

“那我就是刚好相反。”

同事显然并不相信她，但她也无意多做解释。

“不过，”同事又说，“这可不是我国特色，全世界的人都是看人情的。人是社会动物嘛，我觉得人就像蚂蚁，虽然每个人是一个个体，但做的都是集体的事情，人情就是把大家联系在一起的纽带。”

“说你自己是蚂蚁就行了，别把我带上。”

同事眨了眨眼，欲言又止，最后还是闭上嘴巴，不再说话。

虽然话题在莫名其妙的气氛中结束，但小夏仍然对宋总跟她好闺密的事情十分好奇。小夏嘴上说自己不在乎交情，可看到那些真的交往了十多年的人，还是说不出的钦羡，她觉得这类人就像是从童话故事中走出来的，活在梦想的世界里。

当与宋总一起工作时，闲暇中聊起天来，有一次小夏就问起了宋总的那个朋友。

“她帮过我很多，我也帮过她很多，而且我们理念相合，大概就是这么回事吧。”

“那你们就没互相讨厌过吗？一直跟一个人交往不觉得烦吗？”小夏问。

宋总像看傻瓜一样看了小夏一眼：“人生能有个知己，喜欢还来不及呢，怎么可能烦？你没遇到过知己吗？”

小夏仔细搜索了自己的记忆。她想，她并不是没遇到过知己，她也遇到过与她各方面都很合得来、聊天也聊得很愉快的人，可最后还是断了联系，所以她坚持认为，知己是不存在的，不论多么交心的知己，最后也都会在你的生命里消失。

可内心深处，她并不希望这是真的，在潜意识中，她仍然希望能拥有伯牙子期般的情谊。

或许越是缺什么的人便越是渴望什么，尽管小夏表面上总是云淡风轻，可她偏偏就喜欢看那些友谊长存的故事，喜欢看那些金牌搭档类的电视剧，只不过，她总用那些都是故事来安慰自己，并宁愿相信这种友谊在现实中并不真的存在。

小夏摇了摇头："没遇到过。"

能轻易离开的知己，那大概就不能算作是知己了吧。

宋总安慰地朝她笑了笑："没关系，过去没有，以后说不定就有了。如果你愿意，我也能做你的知己。"

小夏睁大了眼睛："真的吗？那李小姐怎么办？"

宋总噗的一声笑了起来："又不是结婚，还搞什么一夫一妻啊？我跟她是知己，跟你也同样可以是知己啊！今天这个屋子，这个团队里的每一个人，都可以是知己，相知就是缘分，缘分能让我们成为知己。"

她说完，全屋子的人都在鼓掌。小夏有点感动，她知道，不论是否能成为知己，她此时的心都是暖的。

小夏在工作上非常努力，在团队里，她跟宋总常常是加班到最后的那两个，这也就使得她跟宋总的来往比其他人更加频繁。宋总作为公司里的前辈，本着照顾后辈的想法，每次加班都会叫两个人的外卖，小夏虽然不好意思，但是既然身为后辈，也就欣然接受了。

那时候正是秋季，徐徐的晚风将窗帘吹起，透过缝隙飘入屋内，外卖的香气在秋风的吹拂下显得格外诱人。小夏跟宋总就这样坐在办公桌前，跟宋总一起吃着晚餐。她们的晚餐内容十分丰富，有时候还会加鸡翅或者鸡腿。

吃得开心了，就会聊起一些往事。小夏会聊她从前在学校的经历；宋总则会聊一些她工作方面遇到的事情，有时候又会聊到她的闺密身上。

“她能走到今天其实特别不容易，虽然她帮了我很多忙，可我还是尽量不麻烦她，或者把那些人情还回去，因为她已经很艰难，我不能再给她添麻烦还不知感恩。”

小夏很奇怪：“她不是在政府部门工作吗？听说福利特别好，怎么会很艰难？”

“工作是很好，但是生活艰难啊。”宋总叹了口气，“她公公婆婆到现在也没有接受她，她连孩子都不敢要，也不知道什么时候是个头。”

“怎么会这样呢？”

“说起来我也不是很清楚，只知道她现在的老公，是她在他跟别人的订婚宴上抢来的，这事让她现在的公婆觉得特别没面子。”

小夏觉得有点蒙：“订婚宴？”

“大概就这么回事吧！她认识她老公的时候，公婆心中的儿媳是另一个人。”

小夏睁大了眼睛：“那她不就是小三吗？”

宋总一愣：“我觉得没必要这么说……”

“可她就是小三啊，难怪公婆都不认她！”

宋总住了嘴。

小夏觉得气氛有点不对，便也没再说话。

两个人慢慢吃完了剩下的饭菜，今天这顿饭似乎格外噎得慌。

接下来的几天，小夏明显感到宋总对自己的态度大不如前，她心里觉得憋闷，当初宋总说可以做她的知己，果然只是随口哄哄她的。这让她有点伤心，她想起从前也曾经因为这种事情伤心过，没想到这么多年还是不长记性。

一个月后，这个项目结束了，宋总从这个团队带走了几个人跟她长期工作，其中并没有小夏。

小夏永远不会忘记，那天，当其他人都离开后，宋总单独留下小夏时对她说的话。

她说："很抱歉，小夏，我没办法成为你的知己。我想不论多么强大的人，他的心里总有脆弱的部分，如果那个部分被刺到了，多少还是会疼。我并不是责怪你什么，只是有点理解了从前你身边一些人的感受。不论如何，我都希望你今后能更好。"

也许小夏的一切行为只是因为她还年轻；也许她终有一天会开窍，会明白自己的问题究竟出在哪里；也许，她一辈子都无法弄懂，无法弄懂如何温柔待人，如何呵护人心。只是，倘若有一天，她再次渴望友情，渴望知己，那么她必须先了解一个事实，那便是，在谈话中并没有所谓的无心之失，一切只因你尚未用心。

提建议是好心，触霉头就不好了

有一种说法，说人类的文明始于语言的诞生。语言承载着一段文明，当这种语言消亡，也便意味着这种文明的消亡。所以，每一个民族，每一个国家的人，都会尽可能地保留自己的语言，他们并不只是为了保留一些单纯的符号，更多的是想保留住他们存在的证明。

偏偏这世上有一些人，明明并不想伤人，却还是在伤人，可以说他们并非有意，但当语言被如此错误运用时，便与文明产生了一定的距离。

小王大概就是这么一种人。

小王之所以是小王，因为他年纪并不大，他高中没怎么读书，高二那年因为成绩不好，家里送他去了技校学汽修，他学成之后就在一家汽修站做学徒，之后也始终在那家汽修站打工，目前虽然工作已经有了点年头，但其实才二十岁刚出头。

他工作勤劳，几年就攒了不少钱，他贷款给自己买了一套小户型，住在距离父母家并不算远的小区里。

小王人很热心，小区里的人都很喜欢他，即使他有时候讲话不怎么好听，大家都是有素质的人，也不跟他一般见识。

可人在河边走，总有湿鞋的那一天，虽然大部分人都不跟小王计较，可不代表永远都不会有人跟他计较。

这个小区里，每天傍晚都有人在健身区健身，小王也是其中之一，他跟经常来这儿健身的人都十分熟络了，平时经常一边健身一边跟其他人聊天。如果有小孩子过来玩，小王也经常陪他们一起玩。

这天，健身区里来了一对父子，爸爸三十岁出头，孩子看起来两岁左右。小孩子走路还走得不大稳，从他们远远朝这边走来时，小王就看到这个小孩子不小心摔了一跤。不过小孩子很坚强，爸爸刚把他扶起，他便再度起身跑过来。

这边的健身器材多数都是给老年人使用的，其实没什么能供小孩子玩的，除了那边有个秋千。这对父子过来之后，就直接奔着秋千去了。

父亲把儿子放在秋千上，自己则在后面推起来，一开始推得比较矮，可是小孩子不停地喊着：“高！高！”

于是父亲乐呵呵地继续把秋千推高，并且提醒孩子握紧绳子。

小王觉得这有点危险，那个孩子太小了，地面又很硬，万一孩子摔下来可就糟糕了。

于是他一边做着引体向上，一边朝那个父亲大声喊过去：“别推太高！掉下来摔死就惨了！”

那边父亲的笑容顿时僵在脸上，他停下动作，看向小王：“你说什么？”

“我说掉下来摔死，你后悔都来不及了！”

父亲顿时火冒三丈，他把儿子从秋千上抱下来，奔着小王走过来：“你诅咒谁？”

小王有点害怕，他从单杠上跳下来：“我没诅咒谁，就是提个醒。”

“我是他爸，有没有危险我会不知道吗？你算老几？再说你那是提醒吗？有那么难听的提醒吗？”

从小王喊出第一声开始，健身区的其他人便已经觉察出事情不妙。

其实在这之前，大家或多或少已经领教过小王的口无遮拦。比如，他就曾经对练压腿的王大爷说过“动作小心点，别骨折了”这种话，当时王大爷的反应跟现在这个父亲差不多，只不过王大爷涵养好，没跟他一般见识，再说时间久了，也知道他并没有恶意，只是不会说话。

其实大家私下曾经劝过小王，讲话之前先想想，别什么话都随便往外说，了解他的知道他只是嘴笨，不了解的会直接认为那是挑衅了。

果然，一直以来的纵容在今日终于得到了恶果。小王的笨嘴今天还真的踢到了铁板。

小王这人，除了嘴笨之外，人其实很热心，大家见那个父亲气得仿佛要打人，便立刻纷纷围过去劝架，主要是劝那个父亲。

“别跟他一般见识，他没读过多少书，你别吓着孩子。”

小王听了这话也不开心起来：“我没读过书怎么了？我一片好心，干吗过来找我麻烦？你儿子有你这种爸，我看就是他最大的不幸！”

这爸爸听了更是生气，如果不是因为抱着小孩子，大概立刻就会扑上去。

其他人愈加头疼，不停地让小王别再说了。

“怎么了？我偏说，我是没读过书，他读过书，他读过书还把小孩推那么高，万一掉下来，头磕到地上，不死也是脑瘫。”

“你可闭嘴吧！”一位大妈有些生气地说。

他这番火上浇油的话让孩子爸爸更是气得七窍生烟，这次他也不骂小王了，更没有其他行动，他直接抱着孩子，转身离开了健身区。小王得意地朝父亲走远后的背影呸了一口，认为这是他的胜利。其他人有的认为事情不会这么简单，但也不想在这个问题上过多纠缠。

三天后，当大家再看到小王时，发现他走路时连腰都挺不直了，脸上也青一块紫一块的，问起来，才知道昨天夜里当小王从汽修站下班回家时，在路上被人蒙着头揍了一顿。揍他的人应该有三四个，这些人揍了他之后便跑开。小王当时浑身几乎散了架，能保住一条命便足够庆幸，完全没力气去追那些打了他的人。

小王被打的地方没有监控，也没有任何目击者，这完全就是一次哑巴亏，虽然他立刻报了警，可是警察直接告诉他，能抓到人的概率非常低。就算真的抓到了人，也不会有多么重的惩罚。

小王这张嘴注定了他得罪的人只多不少，任何一个被他得罪的人都完全有可能揍他一顿。

对于这次挨打，小王十分愤怒："这是法治社会，我就不信，挨打了只能忍气吞声，没有王法了吗？"

王大爷语重心长说了句："这是法治社会，可是语言伤人这事为什么就从来都没人管呢？我们的法制还需要继续健全啊。"

其他人笑而不语，大家都很好奇，小王他听懂了吗？

第五章

说话的不只是嘴，还有眼睛、脑和心

如果不能出口成章，发言时请精心准备

语言的力量究竟有多大？它可以将每一颗麻木的心都唤醒至沸腾，可以在战场上不战而屈人之兵，可以在紧要关头转危为安，可以让一个平凡的人看起来充满魅力。

我们总是更愿意相信那些看得见、摸得着的东西，于是我们用物质彰显自己，用气势武装自己，却很少想过，一些无形的外衣、一些抽象的武器，有时候反而更加强大，它们的强大之处在于无形、在于抽象、在于只要你想，你便可以使用它们去做任何事情。

语言便是这伟大的武器。

所以不论在任何时候，不要忽略语言这个你天生携带的技能。

入职半年之后，程成终于有了独当一面的机会。

当然，这只是一次机会，并不是说他真的就被公司委以重

任了，想要最后走上人生巅峰，还需要迈过很长一段距离。不过，机会意味着一切可能，只要程成掌握好这次机会，那么以新人之姿在公司主持重要项目也不是完全没可能。

准确地说，这是公司给予每一个新人展现自己的机会。公司正在展开一项新的项目，领导决定让每一个新人都能提交一份自己独立完成的策划方案，最后公司会在这些方案中选取最让领导满意的那一个，只要策划方案一通过，这个新人便立刻成为这个项目的主要负责人。

这样的机会非常少有，所以公司里的每一个新人都开始摩拳擦掌，程成自然也是其中之一。

程成一直相信自己很优秀。他的优秀并不仅仅来源于他的勤奋和进取心，更来自他天生的才华，从小他就总能想出同龄人想不到的点子。那时候师长和父母都认为他长大后或许能成为科研方面的人才。不过，愿望与现实总是存在着一些差距，或许这便是真实世界的魅力所在，前方发生的一切总会与你的想象背道而驰，这使得我们的人生、我们的未来充满了未知和神秘色彩。

程成的未来并没有如父母和师长们所期盼的那样，成为一名科研人员，他大学一毕业就去了软件公司，在他看来，在当下，以及在今后的很长一段时间里，IT行业都将是最赚钱的行业之一。小时候父母的期盼早已被他抛在脑后，他的整个脑子里想的只有两个字：赚钱。

他的同学中的确有一部分人进了研究所，在程成看来，那样的生活还不如杀了他，整个圈子充满了各种令他窒息的官僚主义不说，那么一点点工资，除非家里大富大贵，不然这辈子都不可能在这个城市里买得起房。

尽管程成的成绩很不错，尽管他很有可能在科研的路上走得很远，但他对于进研究所，对于搞一辈子科研这种事情完全没有任何想法。

他只想搞IT，只想做软件，只要他做出一个优秀的项目，那他这辈子就都能吃穿不愁了。

对于这次的项目，程成其实从大学期间就已经在酝酿了，在他的估算下，如果这个项目能顺利完成，那它必定能迅速攻占市场，必定能够很快获得足够的用户。当然，这并不是一个直接的过程。

软件不像食品，不像家用电器，食品好不好吃用一秒钟就能确定，家用电器只要使用几天也能很快评出个优劣，但是软件，它的实用性，有时候需要一个发酵、发展的过程。程成的软件，表面上看起来可能并没有什么实用性，但在程成的一系列估算下，他的软件通过市场的发酵，通过对用户心理的旁敲侧击，最后必定会成为一个大热产品。许多产品的走红过程不都是如此吗？短暂的沉寂，甚至长久的沉寂，在某一天忽然爆发。程成酝酿中的，就是这样一款产品。

如今公司有了这个鼓励新人的计划，让程成感到这是天降的机会。开完会的当天，程成晚上回家便立刻开始做起PPT。

他并不擅长做PPT，不过不擅长并不代表做不好，对于他这样经常跟计算机打交道的人来说，大部分软件，他第一次接触时便能够顺利使用它们，或许这也是一种别人钦羡不来的天分。

他先是做了一份简单的策划书，接着将策划内容放到PPT上，他将自己的策划重点全都写在PPT里。他写得简单易懂，他相信，任何一个智商正常的人，都能看懂它。

那天他整整做了一夜PPT，可以说，这一夜里，他将自己几乎全部的智慧都放进这个PPT中。第二天，虽然他挂着两只熊猫眼走进了公司的电梯，但他的心情却比任何时候都更轻松，他不需要了解其他人的计划，他只知道，自己这次一定能够成功。

晚上下班，他继续剥夺自己的睡眠时间，继续保持着高涨的热情做他的策划书和PPT。他这样连续忙碌了十几天，最后，当他看到计算机里完整的PPT和策划书，他认为这是一份完美的答卷，他恨不得立刻就把这些东西交到领导的面前。

展示的那天，为了保持良好的状态，程成在前一夜里早早就睡了觉，早晨也早早起了床。他有点紧张，同时又自信满满地走进了公司的电梯。到了正式上班的时间，他直接来到了公司的会议室。

会议室里面坐着很多人，其中有程成认识的公司领导，也有一些程成不认识的人，他知道，这些都是接下来决定他命运的人。

他做了个深呼吸，首先将复印了十几份的策划书交给了领导秘书，由秘书分发给参加会议的每一个人，接着在计算机里插入优盘，打开了他的PPT，瞬间，PPT的内容直接显示在投影墙上。

他的PPT做得的确非常漂亮，他开始按照上面的每一页内容给参加会议的其他人讲他的产品，才讲了个开头，领导忽然打断了他："你不用盯着那个，你就直接跟我们说说，你的策划有什么优势，有什么强调重点。"

程成点了点头，他比任何人都熟悉这款产品，于是他再次从头说起，如他在PPT上写的那样，当产品投入市场，会经历怎样的一步步的过程。他在耐心地说，但他却觉得，台下的人并没有认真地听。

就仿佛，他在给大家讲一个无聊的故事。

他有点发蒙，于是继续转向PPT，他的一切重点都在PPT中，会上的这些人智商应该都不低，直接看PPT就应该能了解他的一切想法。他耐心地一页一页讲下去，而他感到台下正在变得愈加不耐烦。

当他讲完，领导只是礼貌性地让他回到工作岗位去。他心中忐忑不安，但也只能离开。

回到自己的位置后，他感到心中烦闷，不明白为什么自己的策划似乎没有得到青睐，他懊恼地揉起了眉头。

“怎么了？不顺利？”旁边的同事关切地问。

“我觉得我的策划应该还行吧，可是他们连看都不看。”

“看什么？策划书？”

“策划书和PPT。”

“你傻了吧，他们才不看那些东西呢，他们每天都忙死了，来这儿就是为了歇歇的，你再让他们费脑子看那些，那就是强人所难了！”

“那他们还搞什么展示会？为了要我们这些新人吗？”程成生气地问道。

“不是啊，他们会听你说的，如果你讲得精彩，说不定他们就能让你通过。别讲那些程式化的东西，而是直接说重点，说你的产品最大的优势，说那些能让他们感兴趣的东西。你之前没准备演讲稿吗？”

程成摇了摇头，他根本就没想过演讲稿这种东西，他以为只要把整个产品剖开给大家看，他们就什么都能明白了。却没想到，这些人想看的根本不是产品，而是要听一场精彩的演讲。

如果想要说服他人，最好的办法绝对不是把道理摆出来等着别人被说服，而是运用语言的技巧，将那些道理拉长了揉圆了，变成人们最喜欢听的样子，变成最容易引起人们兴趣的样子，再用谆谆善诱的方式，将这些道理灌输到人们的脑子里和心里。

而这，便是演讲的魅力，也是语言本身的魅力。

任何单向的表达都不是沟通

其实人与人之间的许多问题，都可以通过沟通来解决。没有一颗心是钢铁铸成的高墙，哪怕是最冷酷的人，他的心中也存在着柔软之处，哪怕微小如针，它依然有着被碰触的可能。

最糟糕的不是陷入困境，而是拒绝使用沟通这一上天赋予每个人的工具。失去了沟通的关系，很容易便会陷入僵局，偏偏这就是许多遗憾和悔恨的源头。

比拒绝沟通更加糟糕的，是自以为在沟通，他们认为开口说话便算是沟通，认为大声表达自己的观点便是沟通，殊不知这样的表达效果，甚至可能还不如一场痛快淋漓的争吵。

婚后的方黎没能免俗，她遇到了那个千古难解的问题，也就是婆媳问题。

其实方黎的婆婆并不是人们口中常说的那种不讲道理、没有文化、喜欢胡搅蛮缠的老太太。相反，方黎的婆婆拥有良好的家教，她每天喜欢打扮，举手投足透着优雅大方，平时讲话也是知书达理，从不会刻意去为难谁。

但就是这样的一个婆婆，仍然令方黎感到不自在。

方黎的公公去世得早，许多年来都是婆婆与方黎的丈夫相依为命，结婚之后，婆婆自然也就直接住进了儿子和儿媳的家。本来方黎对此并没有什么异议，毕竟这个房子可以说是婆婆用了自己所有的身家，全款买下来的，却写上了丈夫和方黎的名字，这是十分无私的牺牲和馈赠。方黎并不是没有良心的人，当丈夫说起婚后婆婆要跟他们一起住，方黎没有吐出半个不字。

可住在一起这种事情，说起来简单，真正实施起来，只有经历过的人才能懂得其中的种种艰难。

夫妻在一起尚且存在各种各样的摩擦，更何况两个几乎没有任何感情的人。在宿舍里，在合租房里，因为生活上产生摩擦最后大打出手之类的事情比比皆是，婆媳之间本来关系就微妙，再加上生活方式的各种不合拍，苏黎很快便对婆婆产生了各种各样的腹诽。

比如婆婆的业余生活太丰富，早晨早早就出了门，出门之前她会给夫妻两个都做好饭菜，可是当苏黎与丈夫起床时，那些饭菜早就已经变凉，吃了很容易闹肚子，有几次苏黎强行吃下去，接着一整天胃里都不舒服，后来她干脆不吃，出门买早点。到了晚上，婆婆又回家很晚，那时候苏黎跟丈夫已经吃过了晚餐，婆婆不愿吃夫妻两个剩下的，自己又重新做一顿，可吃过之后又剩出了许多，家里便平白多出不少剩菜剩饭。

这些事看起来无关紧要，但矛盾总是积少成多。这世上很少有两个生活习惯完全一致的人，但要找出两个完全不一致的人却十分容易。苏黎并不是多么粗糙的人，但婆婆却太精致了。

婆婆年轻时在英国留过学，养成了吃下午茶的习惯，有时候，她会去朋友家吃下午茶，有时候，则会让朋友到她的家里来，若是恰逢周末，苏黎正想要睡个下午觉，却不得不听几个老太太在那里一边天南海北聊着天，一边不停地用勺子在茶杯里碰来碰去。

苏黎怎么都没想到，真实的婚后生活，与她曾经的料想竟然是如此天差地别。她想要的舒舒服服、随随便便的日子是不存在的，原以为婚后的人生将是幸福的天堂，谁知却如同地狱般令人痛楚。

“我觉得你跟你的丈夫和公婆缺乏沟通，”聊起婚后生活的时候，曾经的大学好友晴晴说，“听你的描述，你丈夫跟你婆婆都不是不讲道理的人，多沟通几次，大家互相体谅体谅。”

“这事你让我跟我老公沟通也就罢了，跟婆婆怎么沟通啊？难道我要跟她说，早晨别去那个什么地方唱戏了，别把她那些朋友带到家里来？我一个晚辈，这么跟她说话，我成什么了？”

“那就让你的老公去说啊，自己的亲妈总没什么不好说的吧。”

“老公什么都不在乎。我总觉得痛苦的只有我自己。”

“你话还没说呢，怎么知道你老公不在乎？他不在乎他自己，也该在乎你啊，你可是他老婆。”

苏黎想了想，觉得同学说得有道理。

这天晚上回到家，苏黎打开冰箱，看到的是婆婆吃剩下的蛋糕，她知道今天的下午茶聚会肯定又是在自己家举办的，她的火气顿时蹿了起来，狠狠地甩上了冰箱门。

正躺在椅子上看书的丈夫吓了一跳："怎么啦？"

“你说怎么了？”苏黎生气地看向老公，“这到底是谁的家啊？”

“当然是我们的家啦，老婆。”

“那你看看，你过来看看，冰箱里的东西有多少是我们的？”

丈夫也没朝冰箱里看，就明白了妻子的意思："也没什么我的他的，谁想吃都能吃啊。"

"我不吃别人剩下的！"

"那你就不吃，反正也没占你多少空间。"

"没占我多少空间？我连个午觉都睡不好！现在还只有我们，以后有了孩子怎么办？孩子不要午睡吗？"

丈夫看出苏黎的情绪不对，他放下书，走了过去，搂过苏黎的肩："怎么啦，老婆？今天脾气这么差？"

"我就是觉得日子过得太憋屈，还不如单身时候过得舒心呢！"

"别吓我啊，老婆，你单身了我怎么办啊？"

"你跟你妈一起过一辈子呗！"

丈夫的脸上开始挂不住了："干吗还扯上我妈？"

"什么叫扯上你妈？你妈是一切的根源！怎么就那么多毛病？不能得过且过跟着我们一起过吗？那么多讲究，那就自己出去住啊！跟儿子媳妇一起住，还非要穷讲究不可，把自己当成老公主，别人又不是嬷嬷，谁还不是小公主？"

苏黎丈夫的脸上开始青一阵红一阵的，就算是再爱老婆的男人，听到自己的妈妈被这样攻击，总归还是会不舒服的，然而听到老婆说"别人又不是嬷嬷"这句时又莫名感到好笑。

“谁把你当嬷嬷啦？你不一直是我的小公主吗？再说，我妈就算规矩多了点，也没要你伺候啊。”

“她是没要我伺候，可我又不是死的，我是儿媳妇，我能完全当甩手掌柜吗？她在那儿收拾屋子，我好意思坐沙发上看电视？她做饭做菜那么讲究，我好意思做大锅炖？”

“那你想要怎么样？”

“问题是你想要怎么样！”

“我就想要你们都能开心啊。”

“只要跟你妈在一起我就没办法开心！我看你妈也看不上我活得这么随便，干脆你跟你妈说说，让她自己搬出去住算了。”

丈夫的目光黯淡下来：“你知道我妈为了给我们买房已经把原来的房子卖掉了。”

“那她可以租个房子住啊！”

“你觉得你讲道理吗？我妈把所有的积蓄都拿来给我们买房子，现在我们让她出去租房住？”

“我不讲道理？”苏黎眼眶开始发红，“当初谈恋爱的时候怎么不嫌我不讲道理？”

在苏黎的印象里，每一次当她鼻子开始发酸，当她视线开始模糊，丈夫便总会放下一切坚持来安慰她，但这一次，丈夫却一反常态，他仿佛没看到妻子的愤怒和悲伤，直接离开了客厅，回到卧室里默默躺了下去。

这便是两个人婚后第一场冷战的开端。

苏黎以为这场冷战只会持续到第二天早晨，却没想到，它一直在持续着，并且没有停下来的迹象。

到周末，再度遇到晴晴时，几句寒暄之后，苏黎便提起当前的状态："你说我应该跟丈夫沟通，我试了，现在是冷战中，他一句话也不肯跟我说。"

"怎么会这样呢？你们都说了什么？"

"我说让他妈搬出去，他就这样了。"

"那你问过他的意见吗？"

"他说他希望我跟他妈都能开心，我说让他妈搬出去我就最开心。"

"啊？"晴晴睁大了眼睛，"你这就叫沟通啦？"

"那不然呢？"

"你这个态度不像沟通，更像是在吵架，难怪他会跟你冷战。"

"连你都这么说？"苏黎皱起了眉头，"算了，不说我家了，说说你最近吧。"

苏黎十分生硬地转移了话题，晴晴原本还想说些什么，这下也无法再说出口了。

从始至终，苏黎不仅没有要跟她丈夫沟通的意思，也没有要跟晴晴沟通的意思，她只是站在自己的立场上，单纯希望其他人接受她的观点。她既不想向他人妥协，也不想沉下心来给问题找到一个解决之道，在这样的态度之下，其他人哪怕有意跟她协商，也找不到任何突破口，因为从一开始，她就将这条路彻底堵死了。

你一定觉得苏黎是个不可理喻的人，可是也必须承认，我们的周围充满了这样的人。他们充满负面情绪，总是振振有词，并不是什么坏人，但是，他们总是站在自己那个狭隘的立场上，不愿改变，拒绝沟通。

表达情感，而不是表达观点

都说理工男很难找到女朋友，但其实这话一点都不准确，至少在刘磊室友的身上就不准确。

刘磊的宿舍里一共有六个人，他的五位室友，每一个都有女朋友，跟外面舆论中形容的理工宿舍只有单身汉的状况完全不同。

好在刘磊还算是个服从大众的好青年，他就跟大众说的完全一致，大学三年，一场恋爱都没谈过。

只不过这大概不是什么值得炫耀的事情。

刘磊也想叛逆一次，也想成为一个可以傲视所有单身狗的理工男。可这种事就是这么艰难，有人轻易就能得到，有人寻觅一生可能都看不到半点曙光。

刘磊其实也算一表人才，虽然是理工男，但并不是人们普遍脑海中的邋遢形象。当然，他不如有些学院的男生那么时尚，那么拉风，穿衣打扮都只是平常的书生样子，但他个子高，皮肤白，讲话温柔文雅，要说完全没有女人缘，那也不大可能。

他没有女朋友，也不是因为别人瞧不上他，说起来，倒不如说是他的眼光太高，至少在他所在的学院里，他还没遇到一个让自己动心的女孩子。可以说他有那么一股子清高气息，这么长久以来的单身，不过是因为他宁缺毋滥。

所以到了大四那年，当终于遇到那个让自己心动的女生，他便再也坐不住了。

刘磊遇到这女孩是在学校图书馆，当时刘磊正在把看完的书放回到书架上，一个身材高挑瘦削，梳着“黑长直”的女生忽然向他走过来，悄悄问他建筑类书籍在哪里。

刘磊伸出手指指向了那边的书架，女生笑着说了谢谢，便朝那边走去。

那一刻，刘磊觉得自己仿佛被什么击中了。

他拿出另一本书，来到阅读区，可心思怎么也没办法放在书本上，他的目光开始悄悄朝“黑长直”的方向跟随，他看到“黑长直”在书架前观察了好久，最后拿起一本有些厚的书，然后朝阅读区走来。

刘磊立刻收起目光，假装继续看书，谁知道女生竟然直接坐到了他的对面。

女生似乎完全没留意到对面的刘磊就是刚刚与她说过话的人，翻开书本就认真看了起来。

刘磊算是学校图书馆的常客了，除了偶尔来一两次的那些，这里大部分面孔他都算是比较熟悉，而他从来都没看到过这个女生，他猜测这个女生要么是新来的，要么就是外校生。

后来的几次证明女生并不是外校生。她出入图书馆的次数跟刘磊一样频繁，所以也就经常跟刘磊打照面，刘磊猜测她是大一新生，可这一点小成果对刘磊的暗恋情绪毫无任何作用。

他想约女生吃顿饭，想跟她做更多的交谈，至少知道她的名字，可长久以来习惯了单身的刘磊发现，自己并不擅长追女生。好在他很聪明，他的聪明体现在各个方面。

终于，某一天，当他们再度在图书馆相遇，刘磊留意到女生正在看的一本书刚好是他之前看到过的，他说："这个书里有很多错误，你应该换一本。"

"啊？"女生有点惊讶，大概是没想到自己手里的书被人留意到，"你也看过这本书？"

"我看过，而且被误导了很久，"刘磊信口开河地说，事实上他并没有被误导过，他从一开始就发现了书里的错误，但他不想显得自己太自大，"这书里有些名词都是错误的，不知道是不是翻译的问题。"

"那我不看了，谢谢你啊。"

“你喜欢这类书的话，我可以帮你推荐几本。”

“那多不好意思啊。”

“没啥。”

没想到事情竟然进行得这样顺利，刘磊不禁在心里为自己竖起了大拇指。

当打响了第一枪，后面便简单多了。

两个都是喜欢读书的人，在书上可以有聊不完的话题。村上春树说这个世界上喜欢读书的人可能只有5%，所以当这5%的人碰到一起时，必定会无比珍惜这种建立在书本上的友谊。

女生名叫小琪。刘磊很喜欢跟她聊书本，他一开始的直觉是对的，小琪很聪明，并不是那种随便做做样子的人，她是真的看进了每一本书，同时也从书里产生了许多感悟。

两个人的交情也终于从图书馆转移到了校园外，有时候会一起去食堂吃顿饭，有时候一起在校园里散散步。

不论怎么看，这都应当是一段浪漫关系的开始。

可事实却并非如此。

事实上，他们之间的话题永远只围绕着书籍，纯洁得如同冬日的初雪。哪怕已经交往了几个月，两个人还只是单纯的书友关系。

在刘磊看来，与其说是走向罗曼蒂克，不如说他们是正在走向一种舒服的君子之交。

这并不是刘磊想要的，可他对此完全束手无策。明明在室友们的世界里，谈恋爱是无比简单的一件事，到他这里不知为什么却如此艰难，这就好像别人都能把葡萄酿成葡萄酒，而他却只能酿杯葡萄汁。

他不知道这究竟是他自己的问题，还是小琪的问题。他不想说些太突兀的话来破坏气氛，但是不突兀就意味着他们之间不会有任何进展。

还有一件更加令刘磊苦恼的事情，那就是，他们在对书本的看法上并不是完全一致的。同一本小说，他们经常从不同的角度去看，并得出不同的结论，这时候他们便容易发生争吵。

没错，他们之间还没出现任何一点有关恋爱的影子，却已经率先出现了分歧。

比如《1984》这本书，刘磊只关心形成这种社会的可能性，他做了许多种设想，给出了许多条件，最后得出的结论是，这完全是不可能的，至少在当前的认识下是不可能的，不可能出现的世界里发生的一切事情都纯属荒唐。但小琪并不关心这个，她只关心生存在这个社会里的每一个人的命运。

于是他们开始争吵，开始辩论。他们就像是学校的辩论队那样，仿佛一定要争个你对我错，自然，他们谁也没说服谁，只是刘磊想要在圣诞节约小琪吃饭的计划宣告泡汤了。

那天中午，他站在宿舍楼的阳台前向下看，看到小琪跟她的同学在操场上走过去，已经是初冬，她们都穿着风衣，风吹过，小琪的长发扬起，露出笑容，那是宛若春季里清晨第一道阳光般的温暖的颜色，刘磊一阵心动，他忽然觉得，自己一直以来究竟是在做什么呢？

他的确是因书与小琪相识，可他似乎又太执着于书中的那些东西了。他犯了许多理工男都很容易犯的错误，那就是太在意表达自己的观点，可有时候，观点本身其实并不是最重要的。

刘磊忽然产生一种冲动。

他冲出了门，快速跑出宿舍楼，用百米冲刺的速度来到小琪的面前，把小琪和她的朋友们都吓了一跳。

“抱歉，打扰了你，就是有句话，我觉得如果现在不说，可能一辈子都没机会了，”刘磊喘了喘气，然后看着小琪说，“我就是想问问你，今年圣诞节，你愿意跟我一起过吗？”

《1984》的世界究竟能出现，还是不能出现？《盗梦空间》里究竟有多少个bug？这些根本无关紧要，重要的只是看过之后，在心上留下的那点波动。

刘磊虽然醒悟得有点晚，但还好，不算太晚。

自己不知道说什么，就去激发对方的谈话欲

常欧在大学学的专业是传媒，他毕业的方向有很多选择，他可以去杂志社做策划，也可以去电台做编辑，但他最后的选择，却是在报社做了一名记者。

现在很多学生并不喜欢做记者，就算去做了记者，通常也是为了积累经验，以后做主编或者是主播，原因无他，就是记者太辛苦。做这一行，没有一定的觉悟肯定是不行的，吃不了苦更是不行的。而常鸥，正是了解了一切，在权衡之后，选择了记者这一行。

选择这个职业可以追溯到很久之前，那时候常鸥还在读初中，他偶然在一本杂志上看到一张图片，那是一张战火之中的小孩子的图片，那图片给人的感觉除了震撼还是震撼，震撼的是战争的残酷与孩子的无助，震撼的是天地的无情，震撼的是生命的脆弱。当时常鸥有心留意了照片的出处，看到这张照片来自一名战地记者。从那一刻起，在常鸥的心中，记者便是这

个世界上最崇高的职业。

不过，当常鸥真的成为一名记者之后，他发现现实与理想的差距原来非常大，他理想中的壮怀激烈的状态是很少存在的，在他的几个月记者生涯中，他体会到的，只是这个现代社会满街的汽车尾气，满市井的熙熙攘攘。

他负责的是民生板块。所谓民生，基本上就是老百姓的衣食住行。虽然老百姓偶尔会报料，不过光靠老百姓报料是远远不够的，常鸥还得自己出去跑新闻，有时候跑了一天，也一无所获。

看到他的辛苦，有同事给他出了个主意，那完全可以算是馊主意了：

“没有新闻你就编啊，反正都是化名，没人会注意到真假的。”

常鸥绝对无法接受这个观点，虽然他只是个新人，但还算有自己的是非观念，他可以做不出新闻，但他绝对不能做编新闻这种事。他知道业内的确有一些缺乏职业操守的同行，但他不想成为其中之一。

可光有操守也是无济于事，在做不出新闻的情况下，太有操守，反而显得碍手碍脚。

不论如何，常鸥都想抗争下去，如果实在不行，大不了转行。总之，让他编新闻，他决计是不肯的。

他继续出去跑新闻，一个小区接一个小区地跑，一条街接一条街地跑，他就像是个无头苍蝇，四处乱撞，期待着自己能碰到一只撞树的兔子。

或许是上天怜惜他的辛苦，没想到他还真的遇到了一起纠纷。

那是一家小区门口，一个女人坐在那里哭，嘴里念着丈夫、孩子之类的话，周围有人在不停地劝，看着很是令人心痛。常鸥却觉得那是自己的机会来了，他立刻上前，说明自己是报社记者，有什么事情可以跟他说。

女人像是抓到救命稻草一样，对常鸥说，离婚的丈夫抢走了她的孩子，这种情况下连警察都不会管，她只能哭。常鸥很同情她，于是开始询问她关于丈夫抢孩子的细节。可听到常鸥的询问之后，她却哭得更加激烈起来。

旁边看似女人的亲友连忙蹲下身扶住女人的肩膀，并朝常鸥摆了摆手，示意他离开："没什么好报道的，记者先生，你走吧，这儿没你什么事！"

常鸥满腔热情却碰了一鼻子灰，最后只好扫兴离开。

这件事让常鸥非常沮丧，他在微信上跟大学同学说起这件事，本来只是想求个安慰。

“其实我也遇到过差不多的情况。”同学回复他。

“你也把人给惹哭了？”常鸥问。

“那倒没有，就是把情况搞得特别尴尬。”同学说，“当时我跟着前辈跑新闻，前辈去采访一个老艺术家，我在旁边无聊，就跟艺术家的女儿聊起来，本来是想套点老艺术家的料，不过聊着聊着，就没话题了。”

“没话题？”

“难以置信吧，身为记者竟然能闹到没话题的地步。当时我拼了命在想还能说点什么，结果人家姑娘说要去做饭就溜了。”

“鄙视你。”

“更鄙视你。”同学发了一个笑脸，“不过后来前辈跟我说了这事，他说我主要是犯了一个技术性的错误，就是我没激发出她的倾诉欲。”

“再说说。”

“其实记者采访，跟平常人聊天也没什么不同，关键就是要让对方把心里的话说出来，但是他不会主动说，你得去引导，你得去激发他的倾诉欲。我们平时聊天，有人喜欢说，有人喜欢听，如果两个都喜欢说，可能就会抢话；如果两个都喜欢听，可能就会没话题。记者的职责就是，不管对方喜欢说还是喜欢听，都让他变得健谈，所以记者几乎不会让谈话冷场，因为虽然记者未必是最健谈的那个人，但他能把别人变成健谈的那个人。”

这段话让常鸥茅塞顿开。

他想起之前的采访，最大的失败就在于，他问了那个女人最不想谈的一个话题。女人已经在受伤之中，他却想让女人在他面前把伤口打开给他看，这已经可以说是残忍了。

女人的痛苦是因为孩子被前夫抢走，如果当时常鸥能从孩子问起，说不定女人就能慢慢把事情原委告诉常鸥。倘若如此，常鸥将这件事顺利报道之后，说不定还能帮到这个女人。

他知道自己再遇到这个女人的机会是十分渺茫了，但至少今后，他可以努力避免犯同样的错误。

当不知道如何开展话题时，就先努力激发起对方的谈话欲，找到对方最愿意表达自己的那些话题，当话题渐渐展开，两个人的思路都会渐渐开阔起来。

那天之后，常鸥仍然每天辛苦跑新闻。这一次他不再如无头苍蝇般乱跑，他开始有意与各种可以攀谈的人进行交谈。他从一个街区开始，在市场里，他与小贩聊他们卖的东西，聊市场的环境，聊来来往往的顾客；在商店里，他跟打工者聊产品，聊价钱；在小区活动区里，他跟老人们聊身体；在学校门口，跟家长们聊孩子，聊教育。

渐渐地，他发现原来聊天是个十分简单的事情，只要找到对方的兴趣点，他们就能跟你说个不停。他在每一次攀谈中都能让自己有所成长，当遇到值得报道的新闻时，他不再冒失地去询问一些可能触及他人敏感的话题，而是让对方从他们愿意倾诉的内容中谈起。

这街头巷尾的世界，比起战争的天崩地裂来，显得是那么不值一提，但是了解得越多，常鸥越觉得，即便在最平凡的生活里，同样埋藏着许多惊心动魄的事。比如，他听说某家孩子掉进井内，好在消防员顺利将孩子救出；比如，他听说有人炒股欠下高额债务，潜逃至今未归家。这些事情个个都能拍一部电影，却只是从最平常的老百姓口中，用最平常的口吻讲述出来。

常鸥还时常想起那个在小区门口哭泣的女人，他永远都不会忘记那张脸，那成了一道刻印，时刻鞭策常鸥去努力做一个更称职、更优秀的记者。

先“求同”，再“存异”

都说人们交往的时候，最重要的是做到求同存异，然而这世上大部分人都存在着各种程度的狭隘，比起求同存异，他们更喜欢用自己的观点去征服对方。在求同之前，他们已经因为那些差异而将对方当作了假想敌。当然，一个人可以因为体力悬殊而被对方制服，但他却几乎不可能仅仅因为争吵而在观点上屈服他人。

所以，关于观点的战争，从来都很难分出胜负，到最后，只是两个憋了满肚子气的人，决定彼此老死不相往来。

如果从一开始，从冲突开始的最初，不是先看到彼此针锋相对的部分，而是先寻求到彼此能够和谐相处的平衡点，在保持这个平衡的基础之上，再接受两个人观念上存在着的其他差异，那么最后必定会迎来完全不同的结果。

方小艾从入职的那天开始，就始终没办法对同组的一个前辈产生好感。

说是前辈，其实只是比方小艾早来了公司七八年。资历上看起来确实比方小艾久一点，但是业务水平上，似乎跟方小艾也没有多大差别。方小艾一直想，或许正因为前辈的业务水平这么多年都没有进步，所以混了七八年却仍然在基层吧。光是这一点，方小艾就不可能有多瞧得起她。

前辈姓L，公司里，大家都叫她L姐，方小艾也叫着L姐，只是叫得冷冰冰的，完全不像其他人叫得那么甜。当然，L姐也无所谓，毕竟她对方小艾也没什么好感。

两个人关系这么恶劣倒也不是凭空发生，说起来有个导火索。那是方小艾刚入职没几天的时候，作为刚毕业的新人，她还保留着许多在学校里的习惯，比如喜欢听歌，喜欢看书，喜欢玩游戏，喜欢追星。那些独属于年轻人的行为，在L姐的世界里却是不存在的。

L姐不听歌，或者说，不听方小艾听的那种歌；也不看书，让她看，她也看不进去；游戏对她来说是玩物丧志；至于追星，那就更是为她所不齿。可以说，方小艾就是L姐最讨厌的那一类年轻人，当这样一个人来到她的身边成为同事，L姐必定是无法忍受的。

本来，L姐再怎么不喜欢方小艾，作为成年人，也不会真的冲到方小艾面前指责一番。可是入职没几天的方小艾偏偏自己撞到了L姐的枪口上。

当时领导让方小艾做个方案，考虑到方小艾是新人，便让L姐做适当的辅导。L姐觉得，这么一个方案，简单得很，便直接让方小艾去做了。那天方小艾只顾着跟同学聊天，方案做得乱七八糟，她本打算第二天再仔细修改，谁知下班前，L姐忽然来到她的桌旁，要看看她的方案。

她硬着头皮拿出了方案，L姐看了两眼，接着就大发雷霆：

“就这么个方案你都能做成这样？你大学四年就学了这些吗？我看你们这种小姑娘，除了享受，什么都不会，每天就知道玩游戏、追星。父母花钱培养你们，你们根本不知道感恩，不知道珍惜！”

方小艾整个人都呆了，她能理解L姐对自己的方案不满意，但她不敢相信L姐竟然会直接攻击到她本人。她更没想到，接下来，L姐对方小艾的批判进行了长达半个小时，仿佛那是她积累了一肚子的怨气，终于在方小艾这里找到了发泄点。

方小艾默默忍受着，她还是新人，她不该跟前辈顶撞，但她也是有脾气的，她能容忍别人对她进行任何关于工作方面的批评，但她不能容忍别人不停地攻击她的行为习惯，她走出家庭，出来工作，为的就是不用被父母批判，没想到在公司里，竟然遇到了一个跟她父母态度相同的人，甚至连讲话语气都是那么像！

最让她不能忍受的是，对方还是个土里土气的老女人！

到最后，L姐还在滔滔不绝，方小艾再也听不下去了，她噌地从椅子中站起来，大喊一声："我再怎么样，也比你这个没人要的老女人、长舌妇强！"

说完这句话，L姐也愣了。

已经到了下班时间，方小艾不想跟L姐再纠缠，她关了计算机，拿起包就往外走，心中无比舒爽。

从那开始，她跟L姐便算是结下了梁子。

方小艾活泼，又爱玩，在公司很快跟大家打成了一片，大家下班后也经常在一起聚会。这种聚会，L姐从来都不会参加，所以她就成了大家的谈资。方小艾由于跟L姐有矛盾，有时候会故意引导大家说一些刻薄的话，大家越说越是开心，仿佛在工作中遇到的一切苦恼，都能因为说L姐几句风凉话而散去。

从大家的口中，方小艾知道L姐有个智力有问题的弟弟，因为这个弟弟，L姐几次相亲都失败，唯一一次对方愿意接受她，也愿意接受她弟弟，却被智障弟弟用棍子打出了门。从那之后，L姐就再也不考虑恋爱结婚这回事了。

同事们总是一边喝着酒，一边嘲讽L姐，嘲讽L姐的智障弟弟，他们在背后给L姐起了很多外号，说起来难听得很，自然不会在L姐的面前提起。

一开始，方小艾觉得这很有趣，好像跟大家一起嘲讽上几句，自己也出了上次被教训的恶气，但是次数多了，她渐渐开始觉得不是滋味了。

她看到这些说着L姐难听外号的人，在白天明明一口一个L姐叫得甜，她想起这些人经常在工作上求助L姐，把累活苦活都推给L姐干；想起L姐任劳任怨帮助他们每一个人，换来的只是在下班后的聚餐上，被一次又一次拉出来嘲讽；想起L姐悲剧似的人生，在这些人的口中，只是个充满讽刺的笑话。

只是不论如何，这些与方小艾都没什么关系。毕竟这公司里与L姐关系最恶劣的人，就是她方小艾了。

到了年中，领导让方小艾再做个方案。有了上次的教训，这次方小艾再也不敢怠慢，好在这次领导没让L姐指导方小艾，她能安安心心地自己完成。

到了晚上临近下班时间，方小艾正想要关计算机，这时候L姐忽然朝她走了过来。她心中一阵紧张，虽然明明知道这次不关L姐什么事，可还是因为上次留下的阴影而不舒服。

L姐看了一眼她做的方案。

“这个地方你最好不要这么做，领导不喜欢这种。”说完，L姐拿笔在她的方案上画了几个圈，“这些地方最好都改一改。你这次做得比上次好多了，不过这么做了还是要被上面返回来的。”

方小艾有点讶异，讶异的是这次L姐竟然没对她进行全方位抨击，但仔细想想，L姐其实一直就是这样的人，耐心帮助每一个人，就算是她最看不顺眼的喜欢玩乐的年轻人，她也会耐心帮他们，不求任何回报。

其实人无完人，每个人都有些他人无法接受的瑕疵，但同时，每一个人也有着灵魂上的闪光之处。如果每一次相处，大家都能率先去看到那些自己更愿意接受的闪光点，或许许多矛盾便都不会发生了。

“谢谢L姐。”听完L姐的指导后，方小艾感激地说。

“算了，我直接帮你做了吧，做完给你。你把文件传给我。”说完，L姐回到了自己的座位上。

方小艾于是把文件传给了L姐。

其实L姐的确有很多让人无法忍受的问题，比如太固执己见，比如对年轻人的一些习惯嗤之以鼻，但抛开那些问题，L姐本身却有着一颗无比善良的心。而这颗心，就因为她的那些毛病，却被那些她帮助过的人丢到地上去踩。

方小艾叹了口气，她起身来到L姐身边：“晚上请你吃饭，不许拒绝。”

或许是从没有接到过这样的邀请，L姐显露出了惊愕之意，但并未拒绝。

神奇的是，那天之后，L姐成了方小艾在公司里最交心的人。

与L姐交心便意味着也会成为其他人谈资中的一部分，但那丝毫不需要去在意，因为方小艾很清楚，那些乐于以别人的私生活作为谈资的人，同样也不过是另一群人的谈资罢了。

客户是无法说服的，要让他自己说服自己

说起能直接从语言上获得利益的行业，那么大概是销售莫属了。销售这行，许多新手对它了解不深，做了几个月不但没做成单子，自己反而赔进去不少交通费和通信费，最后直接放弃，直言自己不适合做这行。

其实不是不适合，是没摸到门路。

在销售的老手中，他们会对销售行为有一些等级划分，那种见到客户直接推销产品，从产品的质量到功效大吹特吹的行为，通常会被划到最低等。虽说是最低等，但只要拉得下脸面，吃得了苦，一般人也能卖出去一些，至少不会让自己血本无归饿肚子。

不过，更高明的销售，他们绝对不会使用这种病毒式的惹人厌烦的方式去推销，他们往往会欲擒故纵，等着客户自己上门。

这话说起来似乎不大现实，但是只要想一想那些你目前最

希望买的东西，多少就能了解到客户的一些心理。

J做销售的时候，他采取的就不是主动出击的态度。

他倒不是有多聪明，多么运筹帷幄，他主要是害羞，放不下面子。他看到同行仿佛抢劫般拉着客户推销的样子，那仿佛不从客户身上扒下一层皮就绝不放手的气势，那恨不得上客户的兜里掏钱的脸皮，让J去，他无论如何都做不来。

可J相信，做销售并不一定非得那副模样不可。虽然他选择了销售这一行，可也不见得就要把自己完全变成另一个人。他天生内向沉稳，人人都说他这种性格做不好销售，他选择了销售，就是想要让那些人看看，只要他想，就没有什么做不成的事情。

J虽然没有其他同行那样的行动力，但他有智商，他相信任何事情都能通过脑子来解决。

过程并不重要，重要的是结果。就像其他同行说的："你管我是抢还是骗，签下单子就是我赢。"

J想，他不会抢，也不会骗，但是只要能签下单子，那他就是赢家。

他的产品是一种汽车零件，跟他一起推销这些零件的小张就是前面说的那种纯靠力气的人。他们几乎是同时开始的，J两个月还没拿下一个单子，可小张却已经凭借他的三寸不烂之舌签下了三个单子。

说J不羡慕，那是虚伪。J特别羡慕小张，所以特地请小张吃饭，希望小张能传授他点本事，小张于是让J跟着他一起出去跑市场。

J还记得，那天特别热，大太阳直接从头顶上照下来，就像是照妖镜一样，几乎要将人照下一层皮。他跟小张浑身都是汗，拎着箱子从一个汽修站跑到另一个汽修站。

进了门，小张第一件事就是递名片，接着开始说自己的产品有多好，比其他的产品好在哪里，优势有多少，价格有多便宜。那些老板有的直接把他们赶出去，有的感兴趣听一听，有的留下了名片，表示以后再联系。一天下来，虽然并没有直接签下单子，但好歹留下了希望。

“这就是你每天做的？”J问。

“对啊，销售这行都这样，”小张说，“你看，其实很简单，就看你肯不肯吃这个苦，愿不愿意去跟客户磨嘴皮子。”

“苦我是肯吃的。”

“就是拉不下脸面是吧？”小张笑起来，“据我了解，其实你真不该来干这行。我来这儿之前在其他地方也是做销售的，接触过不少人，像你这样的，一般坚持不到半年。”

“你说性格真能影响到职业选择吗？”

“那肯定有影响啊！怎么可能不影响呢？”

J还是不服气。

他天生内向是不错，可他也有着一股子不服输的叛逆心理，别人越是说他做不成什么，他就越是要做出来给人看看。他相信没有什么会因为性格被限制住的职业，职业是死的，人却是活的，这条路不能走，就换另一条。

小张是那种很典型的销售员，他充满了亲和力，让人见了就很容易喜欢，也愿意与之攀谈；J却总显得有点拒人千里，这也是他两个多月始终签不下单子的原因之一。

既然无法改变自己，那就去改变规则吧。

接下来，J重整旗鼓，他给自己买了一套西装，当外出推销时，他便穿着这身西装。他发现那个发明西装的人真得很伟大，这身衣服一穿，人立刻就显得十分精神。

他来到一家汽修站，也如小张一样，他直接递上名片。这家老板人不错，并没有直接把他赶出去，这便给了他接下来的发挥空间。

只是，他没有如小张那样，一开口就是讲自己的产品优势等，他直接在老板面前拿出了自己放在箱子里的零件说：

“我猜您大概没接触过我们家的产品，所以您可以看看，您可以把它留在这儿，试用几天，如果觉得好用可以直接联系我，觉得不好用也没关系，就当是给您自己多一个选择。”

或许是这样被动的态度让客户觉得很舒服，客户很友好地接下了小王递过来的产品说明。

“谢谢你啊。”客户说。

“产品特色在这个说明书里都有，有什么不明白的你可以打电话问我。不过关于轴承的这个部分，电话里可能说不清，我就先跟你说明一下，这个轴承用的是德国PTA公司的产品，这家公司您也可以到网上查一下。”

“哦，你写下来吧，不然我记不清楚。”

“没问题。”

J于是直接将产品的重点优势写在客户的记录本上。

“其实我现在也很闲，要不你就直接帮我在网上查一下？”客户忽然对J说。

“好啊，当然可以。”

就这样，J一边在计算机前帮助客户查询关于产品的各种信息，一边继续向客户说明这个产品的其他优势。

J说得很随意，既没有推销产品的意思，也没有夸耀自己的意思，正如他自己所说，从头到尾，他只是想给客户“多一个选择”。

在J帮客户介绍网页上信息的空当，客户又读起了说明书。

这次的交流十分平和，当J离开的时候，客户忽然提出，希望下单订两百个。

这一次过程，J总觉得，大概有六成算是自己的幸运。也许是老天看他两个多月毫无进展，给他的一次机会，但还有四成得归功于他的战略调整。因为他相信，同样是这个客户，如果还用之前的方式，未必会推销成功。

他的战略，表面上看来，与小张的方式差不多，但两者之间有着明显的差别，那就是，一个在于主动，一个在于被动。

网络上的销售从来都不需要去刻意推销，因为商家已经将一切产品优势都展示在网页上，他们将选择权交到消费者的手中。对于消费者来说，这种主动的购买比被动的推销更加舒适。其实对任何客户而言，他们都更希望能拥有主动权，而不是如木偶般被销售员牵着走。

我们许多人都有过这样的经历，当来到商场时，我们更喜欢自己去观察一个产品的好坏，只要销售员来到我们身边，我们便恨不得立刻躲闪开。所以比起传统商场，我们更喜欢逛那些可以自己选择的超市型商场。

J采取的便是这种交出主动权的方式。让客户自己去决定他是否购买，让客户用自己的需求去说服自己，而不是被销售员说服，直到最后交易成交，客户也不会在恢复冷静之后后悔之前的冲动抉择，因为从头到尾，客户都拥有绝对的思考权，这种销售，才是真正高明的销售。

内心戏码太多，需要表达的时候反而词穷起来

当判断一个人的个性时，我们往往通过表面上的接触来得出结论。比如，一个十分健谈的人，我们会认为他是外向的；而对一个少言寡语的人，我们则认为他是内向的。其实这种判断很容易出现误区，甚至可能刚好相反，那个健谈的人，他说不定早已厌恶了这没完没了的社交活动；而那个少言寡语的人，却很可能比谁的思维都活跃。

小V就是后一种人。

或许与从小接受的家教有关，小V始终用淑女的外包装约束着自己。她稳重、乖巧，就算有什么叛逆不羁的想法，她也只是将其隐藏在内心深处。她在主流观念的要求下，努力做一个懂事的乖乖女，然后将那个真正的自己埋藏在一个最不起眼的角落中。

其实小V这类人并不是特例，甚至可以说，她只是在传统

教育之下的千千万万学子的缩影。从小，他们接受的教育，是必须听老师的话，听家长的话，不可以给人惹麻烦，不可以上课不守规矩，不可以说别人不喜欢的话，不可以做师长们不允许的任何事情。

于是，原本绚烂多彩的每一个个体，被打磨成了看起来差不多的模样。可是在这相同的外形之下，装载的却是完全不同的灵魂。这些灵魂被封锁在一个由规则建造的牢狱之内，不敢发出半点声音。

这些人不懂得如何表达自己，甚至还会刻意去否定心里那个真正的自己，在主流的价值观下，他们得努力活成大家希望的样子。

而小V可以说是其中的典型。

高中的时候，小V喜欢上了同班的一个男生。这个男生是典型的阳光男孩，小V光是看着他的背影，就能在心里作一首颇有意境的情诗，可是当跟这个男孩子面对面的时候，她能说出口的只有一个字："嘿！"

对方也就回一个"嘿"，然后擦身而过。

对于主动出击这种事，小V想都不敢想。她觉得这是她的性格使然，她天生就不是那种会主动出击的人，在她看来，得之我幸，不得我命，如果这个男生能喜欢上她，能主动追求她，那她就是最幸福的女孩子；可如果这个男生对她没有感觉，那么这段暗恋便只能是无疾而终。

谁让她小V就是这么个内向乖巧的女生呢？

小V的座位在班级里第四排，那个男生的位置在第二排。某天自习课，小V整整一节课都没看上一页书，她只是不停地盯着男生的背影看，她觉得这个男生就如同是童话中走出来的人，他就如同杀龙归来的骑士，所有的诗歌里都能找到他的影子，阳光落在他的身上也变得那样柔和，甚至连他的课桌，也因为获得了他的眷顾，而变得英俊起来。

下了课，男生站起身，小V立刻缩回了自己的目光。

谁知男生却直接走向小V，问她："数学课的时候，你在前面解的那道题，能给我讲讲吗？我想了一节课也没想明白。"

小V想都没想："哦，那你听着。"

她用了最快的语速，用她能想到的最易懂的方式给男生讲了一遍，然后问："明白了吗？"

"好像……差不多，我再回去研究研究。谢谢了。"

"不客气。"

一场交流就这么结束了。

整个三年的高中时光，也是这样结束的。

整整三年，谁都不知道小V暗恋过那个男生，这个男生更不知道小V对自己心生情愫，提起小V，这个男生说的也只是：“她数学可厉害了，超羡慕！”

高中毕业，小V带着满心的遗憾告别了自己的中学生涯。她遗憾的是那个男生对自己始终没有半点意思，正如她一开始所想的那样，不得我命。

后来她听说，高中的另一个女同学一毕业就去找了那个男生表白，两个人很快便走在了一起。许多年后，当小V回想起中学时光，在网上查找关于那个男生的信息时，发现男生早已结婚生子，孩子的妈妈正是当初的那个女同学。

小V也曾经想过，如果当年她能主动出击，是否如今男生身边的那个人会是她？她不敢多想，因为如果答案是肯定的概率超过百分之五十，她就会被无尽的懊悔彻底击溃。

不论如何，学生时代毕竟已经过去，有遗憾也好，有苦涩也好，都不过是青春的回忆罢了。就算心上刻下了伤痕，这种伤带来的也只是一点阵痛，而不是致命的伤害。

但当进入职场，当进入了真刀真枪的成人世界的江湖，事情的性质便完全不同了。

小V一直认为，只要自己努力工作，只要她无愧于心，那么便没有什么能够伤害到她。现实却告诉她，她想得太简单了。她善良单纯，是因为她从小到大基本上没受过挫折，但其他人不一样，有人从小便是在刀风剑雨中成长的，看尽了大风大浪，对于这些人，小V这种人不过是肥美的羔羊，随时准备着被人宰割。

可小V并没有看到那些人间真实，她看到的只有自己眼前的工作。她这种学院派，很容易就能将自己的全部精力都放在工作上。她不会花精力去经营人际关系，也不会花心思去算计利益纠纷，她看到的只是工作，她每天努力为之付出的也只有工作。所以，当其他人还在八卦单位里的各种事情时，小V早已经率先完成了自己的工作指标。

认真做事的人总是更得领导的喜欢。见小V工作上如此拼命，领导开始经常带着她去各地开会，一方面是因为对小V的业务能力放心，另一方面也是想给小V一个见识世面的机会。

大家都知道，年底单位会有一次人事变动，有人能被送到福利肥美的岗位，有人会被下派到辛苦又没什么福利的地方。见小V在领导面前如此乖巧，许多人开始暗自说闲话，他们认为小V做的一切，不过是为了年底的工作分配。

在这个部门里，只有小V是新人，如果最后被派到肥差的人真的是她，那其他人不论如何都会感到意难平。然而从现在领导的态度来看，小V能拿到肥差的可能性非常之高。于是，在小V的优秀表现下，在众人渐渐升起的意难平中，一场无形之中被酝酿出来的舆论攻击开始了。

人们开始说小V贿赂了领导，开始说她进入这个部门不是通过实力而是通过关系，甚至开始说她跟高层的领导有不正当关系。这些话原本只是在私下传，但渐渐地，就开始表露在小V的面前。

一次，当小V在工作上跟另一个分组的人提出要求时，对方酸酸地说了一句："牛什么啊，还不是靠干爹上来的？"

小V心中大怒，想立刻骂回去，想说"你才靠干爹上去的呢"，想说"你们这些不知进取、不知道认真工作、只知道说人闲话的东西根本就是整个系统里的毒瘤"，想说"老娘熬夜做表格，早起背条例的时候，你们都在那边吃喝玩乐，现在好意思说别人的工作成绩都是靠干爹"……她想说很多很多，但是最后，她只是瞪了那个人一眼，便离开了那间办公室。

她的态度让其他人更加笃信那些传言，相信她必定是因为心虚才这样忍气吞声。

一次外出开会，领导照例带小V出去。在车上，这个干练的女领导忽然问小V："你知道大家都怎么说你的吗？"

"差不多知道点。"

"你为什么不骂回去呢？你明明是清白的。"

小V不知道该怎么说，于是她回答："我也不知道，清者自清吧。"

"清者自清，这句话没有错，可是你不能永远都不表达你自己。比如上次那个表格，你明明会做，可是你却没跟我说，还是我问了你，你才说你会做。你是不是习惯了这么被动，什么话都等着别人来说？"

小V听不出领导的语气是生气还是平和，她咽了口唾液，想了想，最后还是只能告诉领导："我觉得是金子总能发光，酒香不怕巷子深。"

"啧！"领导做出了一副嗤之以鼻的表情，"酒香不怕巷子深，有多少人就是被这句话给害了。"

这时候车遇到红灯停了下来。

"你听着，小V，"领导放慢了语气，"你必须学会表达，如果你不表达出来，没人会知道你心里在想什么。你以为靠等就能等来机会，那只是懒惰的侥幸罢了。你的等待，到最后得到的也只能是一只傻头傻脑只会撞树的兔子。你不能等那只兔子，你得做一个猎人，森林里有更精明的兔子，还有老虎，还有梅花鹿，你不去主动出击，你就错过了它们。"

不知怎的，小V的脑海中忽然浮现起了当年那个男生的身影。

"我知道了，谢谢领导。"

小V的话音刚落，交通指示灯上的红灯变成了绿灯，车驶过人行道，向前方奔驰而去。

小V的心里明明有过那么多足够打动人的言辞与诗歌，最后却什么都没能说出口。如今，她明明有那么多可以反驳自己的话语，却连半句维护自己的话都不曾说过。她总是在等待，等待别人主动找上她，等待别人相信她，等待别人给她机会，等待别人明白她的清白，可别人并不是圣人，他们也会被蒙蔽，也会有许多看不到的东西。